团队行为心理学

读懂员工无意识、下意识、潜意识的言语和行为

鲁克德 ● 著

立信会计出版社
LIXIN ACCOUNTING PUBLISHING HOUSE

图书在版编目（CIP）数据

团队行为心理学/鲁克德著.——上海：立信会计出版社，2016.8
（去梯言）
ISBN 978-7-5429-5134-2

Ⅰ.①团… Ⅱ.①鲁… Ⅲ.①企业管理-组织心理学 Ⅳ.①F272.9

中国版本图书馆CIP数据核字（2016）第168108号

策划编辑　蔡伟莉
责任编辑　蔡伟莉
封面设计　主　语

团队行为心理学
TUANDUI XINGWEI XINLIXUE

出版发行	立信会计出版社		
地　　址	上海市中山西路2230号	邮政编码	200235
电　　话	（021）64411389	传　真	（021）64411325
网　　址	www.lixinaph.com	电子邮箱	lxaph@sh163.net
网上书店	www.shlx.net	电　话	（021）64411071
经　　销	各地新华书店		
印　　刷	固安保利达印务有限公司		
开　　本	710毫米×960毫米	1/16	
印　　张	14.5	插　页	1
字　　数	148千字		
版　　次	2016年8月第1版		
印　　次	2017年10月第3次		
书　　号	ISBN 978-7-5429-5134-2/F		
定　　价	36.00元		

如有印订差错，请与本社联系调换

前言
Preface

"团队需要的只是个人部分特定的活动,但前来工作的却是整个人。"在此前提下,作为管理者,必须接纳每一个员工的全部,尽可能了解每一个人的个性特征和心理特点。

曾经北京某银行,有一位新来的女员工被分配到网点的柜台工作。她性情活泼外向、情感丰富、思维发散,而且擅长人际交往。工作一段时间后,发现这位女员工的效率非常低下,而且错误率偏高。这也导致她自身的情绪波动比较大,不自信,常常怀疑自己的工作能力。网点经理与她多次沟通交流,但收效甚微,感到十分苦恼。

事实上,根据职业个性特质,这位女员工非常不适合每天机械式的重复劳动的柜台工作,而比较适合她的是客户经理的岗位。后来,网点经理把她调换到客户经理这个岗位上,事实证明,这个决策是正确的。不到半年的时间,这位女员工就因为绩效优秀、工作表现突出,而受到了上级领导的嘉奖和表彰。

这个案例说明,作为管理者,如果在招聘员工时就对其个性特征和心理特点有充分了解的话，就能一开始很好地给员工安排合适的工作任务和岗位，而不是事后通过换岗来解决这一问题。

管理的第一要素就是管人，而管人就在于管心，也就是要根据每个员工的个性特征和心理特点，通过尊重、沟通、激励成员来改善整个团队的组织结构和人际关系，充分发挥员工的积极性和创造性，从而提高整个团队业绩和效率。

假如你在团队管理过程中，遇到以下这些情况：

你的员工上班时不是发呆就是神游？经常迟到或翘班？假装认真工作，其实是在看视频或打游戏？两只耳朵总塞着耳机，仿佛要与世隔绝？总想跟财务打听其他同事的薪水？跟同事之间谈话要不爱搭不理，要不就跟吃了火药似的？……

你肯定会猜想，他不是想跳槽的节奏，就是想"换揍"。是的！你的团队已经出问题了。员工这些看似司空见惯的行为和语言背后，都与其复杂而微妙的心理有些密切的关联。可以说，带团队和管理的过程，就是与团队成员进行心理博弈的过程。作为管理者要想获胜，就必须了解和掌控员工的行为和各种心理，就必须学会站在员工的角度来思考问题。

《团队行为心理学》这本书会让你读懂员工在工作过程中一些无意识、潜意识的行为和语言，读懂他们微妙而复杂的心理活动，了解员工内心的真正需求。从而采取适当的应对措施，更好地激发团队成员的主观能动性和潜能，以提高整个团队的业绩和效率。

本书从带团队过程中经常出现的沟通、激励、薪酬、领导力、执行力等方面的问题入手，以专业心理学的角度来探究团队成员行为和言语背后的真正的需求和动机，为你提供最实用、最专业的带团队的技巧。

如果您是一位高层管理者，通过掌握和运用团队行为心理学，可以改善组织结构，提高整个企业的业绩和凝聚力，让管理水平达到一个新台阶。

如果您是一位中层管理者，通过学习并运用团队行为心理学，就能准确找到自己在整个组织中的定位，搞定上下级关系，矫正带团队过程中的偏差，同时找到激励自我和下属的最有效的方法，使团队的执行力提升，而自己也会进阶为真正的职场管理高手。

如果您是一位有志于上位的职场菜鸟，那您更需要学习团队行为心理学。它能让你更好地认识自我、提高自我，纠正行为上的"错误"，充分展现出自我价值。

目录
CONTENTS

Part 01　人是资源，也是问题——理解员工的需要和动机

　　人可同时有多种需要，但总有一种需要占统治地位　/ 003

　　为什么对工作感到满意的员工，也会发牢骚　/ 005

　　激励方式过于单一，不利于激发全员的积极性　/ 007

　　不是每一位员工都喜欢迎接挑战和承担责任　/ 009

　　工资不高时，培训和责任也能留住员工　/ 011

　　变革前为员工预热，可提高员工忠诚度　/ 013

　　人性最深层的需要，就是渴望得到别人的赞赏　/ 015

　　适当的感情投资，可以激发员工干劲儿　/ 016

　　尊重员工，是回报率最高的感情投资　/ 018

　　能力强的员工，不喜欢命令和指挥　/ 021

Part 02　招到最合适的人——招聘背后的行为心理学

　　招聘时，不要只看应聘者的知识和技能　/ 027

　　招聘时，要考查应聘者过去的具体工作行为　/ 030

　　对公司缺点避而不谈，不利于招到优秀人才　/ 032

　　多参考别人的意见，有助于招到好员工　/ 035

运用情景模拟面试法，有助于招到好员工 / 039

运用案例面试法，有助于招聘成功 / 041

矮子里面拔将军，99% 都是错的 / 043

Part 03 领导不狠，员工不强——领导力背后的行为心理学

有小缺点的主管，在下属眼里更有魅力 / 049

没有不好的组织，只有不好的领导 / 051

当领导在问题现场时，下属会信心倍增 / 053

领导能力强、权力大，会吸引下属追随 / 055

多给新人表现机会，安慰其怀才不遇的心 / 057

人才放在合适的位置，才会发挥其最大潜能 / 060

宽容的管理者，容易带出有创造力的团队 / 062

警惕刻板效应，它会加重用人的误差 / 064

强调能者多劳，会导致管理的效率下降 / 066

用人之短，能为特殊岗位安排合适人才 / 068

培养人才，是企业生存的最大课题 / 070

以"经纪人"的理念培育员工 / 073

学费——建立学习型组织 / 074

勤奋工作也是错吗——如何收回培训投资 / 077

高压手段，会遭到员工的抵制和报复 / 079

柔性管理，可以带出自动自发的团队 / 082

在你往上爬时，一定要保持梯子的整洁 / 085

Part 04　不会带人，你就自己受累——带队伍背后的行为心理学

成就高效团队的基础：信任 /089

多头领导，会破坏团队的运行秩序 /091

如果责任不明确，就一定会有人偷懒 /093

若不能彼此合作，人多未必力量大 /095

优化工作流程，能发挥团队的力量 /097

当团队取得成就时，要及时庆功 /099

在团队中，每个人都有从众倾向 /101

勾心斗角的竞争，会损害团队的利益 /104

精简机构，不仅仅能提高效率 /106

Part 05　完成比难更难的事——执行力背后的行为心理学

违纪行为若没有得到及时惩处，就会蔓延 /111

运用热炉法则，维护制度的威严 /113

制度会产生路径依赖，不要抱残守缺 /115

号令不明，会削弱制度的执行力 /117

制定制度时，要规避人性的弱点 /119

高成本的管理方式，需要高度集权和绝对统治 /121

哪些权力不可授予给员工 /124

Part 06　怎样说，下属才会听——沟通背后的行为心理学

要多听少讲，因为人有两只耳却只有一张嘴 /129

下属知道的事，只有 10% 会反馈给上级 / 130

说什么不重要，别人怎么理解才重要 / 133

快去接电话——选择合适的沟通渠道 / 135

同理心，会使沟通效果倍增 / 137

身体力行，对下属有更强的说服力 / 139

Part 07　把庸才变成干将——团队激励背后的行为心理学

惩罚使行为减少，奖励使行为持续 / 145

不公平感，在工作中是怎样产生的 / 148

有难度的目标，更能激发员工的工作动力 / 150

引入竞争，会激发团队的活力 / 152

根据业绩提拔一个人，是有风险的 / 154

人们不会做你期望的事，只会做你奖励的事 / 157

自发的才是最有效的，让员工自己跑起来 / 159

批评的次数越多时间越长，效果越会适得其反 / 161

运用异性效应，可以激发员工的内驱力 / 163

必要的危机感，可以提高团队的生产力 / 165

如果榜样足够优秀，骆驼可能跑得比车快 / 167

从员工角度阐述公司目标，可以获得认同和支持 / 169

合作共赢，与员工分享利润 / 172

Part 08　请给我结果——绩效考核背后的行为心理学

当员工要求加薪时，要和他谈绩效　/ 177

考核之前，要让员工知晓绩效目标　/ 179

"完成任务"的目标，小心被置换　/ 181

360 度绩效评估，有助于员工矫正行为　/ 183

警惕恶魔效应，它会让你有失偏颇　/ 185

个人的主观偏见，会加重绩效考核的误差　/ 187

提供工作结果的反馈，会让人更关注结果　/ 191

绩效沟通时，如何创造出和谐氛围　/ 194

表面信息，无法让人明白管理的真实用意　/ 196

对低绩效员工，不宜心慈手软　/ 198

Part 09　金钱的能与不能——薪酬背后的行为心理学

全面薪酬，"外在"奖励与"内在"奖励相结合　/ 203

高素质员工为什么会被低素质员工淘汰　/ 205

德西效应：重视外在报酬，兼顾内在报酬　/ 207

较低的薪水只能得到较差的劳动效果　/ 210

薪水长期不变，会降低员工的工作积极性　/ 212

薪酬保密制度，反而会让员工私下打听　/ 214

金钱激励不是万能的，但没有金钱却万万不能　/ 216

Part

01

人是资源,也是问题

理解员工的需要和动机

人可同时有多种需要，但总有一种需要占统治地位

　　一名妙龄女郎在动物园里闲逛，她走着走着，来到了猴子园面前，然而她却没有看到一只猴子。

　　"今天猴子们都跑到哪儿去了？"

　　"现在是交配时期，它们都回到洞里去了。"

　　"如果我丢些花生给它们，它们会不会出来呢？"

　　"我不知道，"管理员说，"如果是你，你会吗？"

　　一个人在同一时期内可以同时存在几种需要，但总有一种需要占统治地位。猴子如此，人也是如此。

　　在管理学领域，阿伯拉罕·马斯洛的需求层次理论是一种很有影响力的激励理论，该理论按照由低到高的顺序，可以将人的全部需要分为五个层次：

　　（1）生理需要：食物、水、住所、性满足等方面的需要。

　　（2）安全需要：保护自己免受身体和情感伤害的需要。

　　（3）爱和归属的需要：渴望爱与被爱、友谊、相互忠诚和信任、

和谐的人际关系、归属于某一群体的需要。

（4）尊重需要：分为外部和内部两部分。外部尊重因素，如地位、认可和关注等；内部尊重因素，如自主、胜任和信心等。

（5）自我实现的需要：发挥自身潜能、成长与发展、实现理想的需要。

需求层次理论指出：人的需要是逐层上升的，当某一层的需要得到满足后，相邻的较高层次的需要就会占据统治地位。一个人在同一时期内可以同时存在几种需要，但总有一种需要占统治地位。低层次需要比较客观，它是从外在的物质方面获得满足的，可以直接察觉到；高层次需要则难以辨认，不易发觉，它属于精神和情感层次的需要。

需求层次理论启示管理者：激励应该是一个动态的、逐步向上演进的过程，一系列不断变化的需要控制着员工的行为，管理者应积极了解每一位员工的需要，采取相应的措施来满足他们不同层次的需要，从而达到引导员工行为的目的。比如，对于希望从组织中获得安全感的员工，管理者应该向员工提供雇用保证，完善退休金制度和健康保险制度；对于向往和谐的人际关系的员工，管理者应该经常组织一些团体活动，培养大家庭式的企业文化；如果所激励的对象渴求个人实现，他们注重工作所带来的成就感，管理者可以让其参与一些决策的制定，委派富有挑战性的工作，为其制订完善的个人职业发展计划等。

为什么对工作感到满意的员工，也会发牢骚

一条猎狗在草原上看见了一只兔子，它向兔子奔去，结果它追了很久也没有追到。

一只羊看到这种场景，讥笑着对猎狗说："你竟然跑不过一只兔子！"

"你知道什么！"猎狗回答说，"我们跑的目的完全不同，我仅仅是为了一顿饭跑，而兔子却是为了性命而跑啊！"

同一个事物，对不同的人，激励的效果是不一样的。按照管理学中双因素理论的观点，对于猎狗而言，追兔子是保健因素；而对于兔子而言，从猎狗的追捕下逃生则是激励因素。

双因素理论是美国的行为科学家弗雷德里克·赫茨伯格于20世纪50年代后期最先提出来的一种激励理论。该理论认为引起人们工作动机的因素主要有两个：一是保健因素，包括公司的政策和管理、技术监督系统、工作的安全保障、薪酬待遇、工作环境或条件及人际关系等，这些因素与工作环境有关；二是激励因素，包括工作的成就感、工作中得到的认可和赞扬、工作本身的挑战性和兴趣、工作的发展前途、个人成长与晋升的机会等，这些因素与工作本身

有关。只有激励因素能给人们带来满意感；而保健因素只能消除人们的不满，但不会带来满意感。

传统的观点认为，满意的对立面是不满意。赫茨伯格却不这么认为，他认为对工作的满意感和不满意感不是一个单一的连续体的两个极端，而是截然分开的，即满意的对立面是没有满意，而不是不满意；不满意的对立面是没有不满意，而不是满意。

员工的保健因素没有得到满足，会对工作感到不满意，满足了会对工作感到没有不满意。

员工的激励因素没有得到满足，会对工作感到没有满意，满足了会对工作感到满意。

保健因素偏重于物质激励，可以消除员工的不满意，起到安抚员工的作用，能让员工维持当前的努力水平。

激励因素偏重于精神激励，可以消除员工的"没有满意"，能够激发员工的内在企图心，能够让员工更努力。

管理学家把员工因保健因素没有得到满足而导致的"不满意"状态，称为低级牢骚；把员工的激励因素没有得到满足而导致的"没有满意"状态称为高级牢骚。

管理者要善于倾听员工的心声，从中分辨出牢骚的类别，以便有针对性地制定激励方案。

激励方式过于单一，不利于激发全员的积极性

一艘渡轮缓缓地离开码头，船上的乘客来自多个国家和地区。渡轮行至大海中央的时候，船长发现，由于超载船就要沉没了。这时候，轮船既回不去也无法到达终点，唯一的办法就是甩掉几个乘客。

船长先找到了一个日本人，直接告诉他船要沉了，唯一可以逃生的办法就是游过去，赖在船上只是死路一条。日本人很怕死，他略一思量便跳入了水中。

船长接着找到了一个德国人，告诉他跳海求生是服从纪律的需要，德国人也跳入了大海。

船长又找到了一个法国人，对他说："不要怕，你跳水的姿势一定很优雅。"虚荣心得到满足的法国人也跳了下去。

在鼓动朝鲜人跳海的时候，船长告诉他这是领袖的需要。朝鲜人毅然决然地跳入了大海。

最后，船长找到了一个美国人，美国人说什么都不愿意跳海。这时，船长对他说："放心，你的船票中我们已经给你投了100万美元的保险。"听到此，美国人纵身跳入海中。

员工的个性特征与愿景需求是多种多样的，与此相对应，管理者要采取多样化的激励手段"对症下药"，这样才能在员工激励方面取得殊途同归的效果。

X 理论和 Y 理论是基于两种完全相反的人性假设。

X 理论认为人生来就是懒惰的。他们天然地厌弃工作，缺乏进取心，喜欢以自我为中心，漠视组织的需求，守旧的天性使他们对变革持抵制的态度，只有极少数人才具有解决组织问题所需要的想象力和创造力。在管理领域，主张管理者采取严格的管理制度，运用奖惩措施来激励员工的工作热情。

Y 理论则把要求工作视为人的本性。在适当条件下，人们不但愿意工作，而且能够主动承担责任。他们对于自己所参与的工作目标，能进行自我控制与管理，大多数人都具有解决组织问题的丰富想象力和创造力。按照这种人性假设理论，管理者应把员工安排到具有吸引力和富有意义的岗位，鼓励他们参与自身目标和组织目标的制定，这样便可以把责任最大限度地让递给员工，用启发和诱导的方式替代传统的强制命令和要求服从的管理方式。

X 理论和 Y 理论对于人性的假设都有一定的局限性，在此基础上，1970 年由美国管理心理学家约翰·莫尔斯和杰伊·洛希提出了超 Y 理论。该理论认为，没有什么一成不变的、普遍适用的最佳管理方式，必须根据组织内外环境自变量和管理思想及管理技术等因变量之间的函数关系，灵活地采取相应的管理措施，管理方式要适合于工作性质、成员素质等。

超 Y 理论是一种主张权宜应变的经营管理理论，强调管理者应根据员工特点和环境要求采取有针对性的管理方式。

基于超 Y 理论的观点，要求管理者在激励员工时，要针对员工不同的个性特征与情感诉求采取权变的激励手段，如果为使所有的员工同一化而采取一样的激励手法，对于组织内的某些员工而言，总是难以使他们产生进取的力量。

不是每一位员工都喜欢迎接挑战和承担责任

一个男人牵着一只小狗，怒气冲冲地闯进了一家宠物店，很生气地对老板说："我买你这只狗看门，昨天晚上，一个小偷悄悄地溜进我的家里，偷走了我 200 美元，可这只狗傻乎乎地看着竟然一声都没叫！"

老板看了一下小狗，解释道："这只狗以前的主人是千万富翁，对于你那微不足道的 200 美元，它根本就不看在眼里。"

主人从千万富翁降级为对 200 美元斤斤计较的普通人家，对于成就感顿消的看门工作，小狗自然难以保持原来的热情。

戴维·麦克利兰是美国哈佛大学的心理学家。20 世纪 50 年代，他在对一些物质生活条件较佳、已经获得了一定社会地位的高级人才（如企业的经理、科学家、医生、教授、任职政府部门的管理人员等）研究后，提出了成就激励理论，强调权力需要、关系需要和成就需要等观点。

高权力需要的人视权力为工作的最大动力，他们对于施加影响和控制他人表现出超常的偏好，往往把担任领导者当作职业生涯的追求。

具有较高关系需要的人，钟情于社交，他们从人际交往中得到欢乐和满足，被某个组织或社会团体拒之门外是让他们很难接受的事情。

高成就需要的人，一般是职场中的工作狂，不断地工作以及不断地取得工作成就便是他们的人生追求。对于他们而言，成功本身的重要性远远大于成功之后所获得的报酬。

一般高成就需要的人具有极强的自我管理能力，他们惯于选择成功可能性为50%的工作，因为在他们的意识中，当成功和失败的概率相等时，正是一个人从个人努力中获得成功感和满意感的最佳时机。

对于高成就需要的人，金钱对于他们所起的激励作用远不如从成就中获得的激励，关于如何激励他们，麦克利兰提出了三个观点：

（1）当他们在工作中取得成就时，管理者要适时地对他们的工作成果进行奖励，如发放奖金和给予晋升等，虽然这些外在的奖励并不真正是他们的心之所求，但却是他们获得自我认可的一种证明工具。

（2）除了肯定他们的成就外，将一些有挑战性的、高要求的工作分派给他们，对于事业的追求使他们很愿意承担责任。

（3）高成就激励的人一般对工作较有主见，他们会对事情作出自己的判断，并乐于做出一些独创性变革。对于他们的创新，管理者最好不要无端地限制，而是对此作出有见解性的评论。

一般而言，高成就需要的人只是员工中的极少数。并不是每一位员工都欢迎挑战、喜欢承担责任，所以管理者在运用成就激励的时候，首先要确定所激励的对象是否具有高成就的诉求。不过，高成就需要的人也不全是天生的，管理者可以通过培训来激发员工的成就需要，尤其是通过讲述一些职场楷模的工作成就，使员工渐渐地从内心深处萌发出对成就的需要。之所以强调对高成就需要的人的培养，是因为对于组织的发展与成功而言，他们是一股极为重要的力量，有了他们，便等于积蓄了使公司发展与壮大的更强大的力量。

工资不高时，培训和责任也能留住员工

一个老板正在炫耀他的发迹诀窍，他说："工资是工作中最不重要的部分，我始终坚持这一观点。认真地做好工作，倾其所能地把才能发挥出来，所带来的快乐远比金

钱带来的快乐多。"

"你在向自己证实了这一理论之后就发财了吗？"旁人问。

"不，我在向工人们证实了这一理论后就发财了。"

当员工的物质需求得不到满足的时候，可以通过满足他们其他方面的需求来达到平衡。"生存—交往—发展"理论为这种激励理念提供了理论基础。

"生存—交往—发展理论"属于需要激励理论的范畴，它将人的不同需要浓缩为三个层次：

（1）生存需要：个人在衣、食、住和安全等方面的基本需要。

（2）交往需要：个人与其周围的人交往的需要。

（3）发展需要：个人在能力的发展和事业的成就等方面的需要。

基于"生存—交往—发展理论"的观点，三种需要是可以相互替代的。比如，虽然企业支付给员工的薪酬较低，但如果企业为员工提供了心怡的工作环境，或者为他们制订了较完备的培训计划，便可以弥补员工因薪酬低而产生的失落感，使他们愿意留在企业内继续工作。当企业所支付的薪酬与员工的要求有心理落差时，如果管理者能在工作中创造出一种快乐文化和快乐的工作氛围，也能使员工对企业产生满意感，使他们以更高的热情投入到工作中。因此，管理者可以不总是那么严肃，可以时不时地通过展示幽默感来降低员工的工作压力，与员工们分享彼此的爱好，经常带领团队进行一些职场外的活动等。

不过，内在激励的方式并不总是适用的，倘若员工渴望的是通过获得较高的薪水来改善目前的生活品质，不论企业在内在激励方面如何地浓墨重彩，也只是"襄王有梦，神女无心"，员工仍旧会倾向于另外寻求一份待遇更好的工作。

变革前为员工预热，可提高员工忠诚度

业务代表、行政人员和经理一起走在去吃午餐的路上，他们意外地发现了一盏古董油灯。业务代表拿起神灯，使劲摩擦着，伴随着一团烟雾，一个精灵从神灯中蹦了出来。

精灵终于实现了重现人间的夙愿，他说："我可以满足你们每个人一个愿望。"

"我先说！我先说！"行政人员抢着说："我要到巴哈马度假，自在逍遥地开着游艇。"

"噗"地一声！行政人员消失了。

"该我了！该我了！"业务代表抢着说："我要躺在夏威夷的海滩上，旁边有一个美丽的女按摩师，海边正在举行热情的烧烤派对。"

"噗"地一声！业务代表也消失了。

"好了！现在该你了，你有什么心愿？"精灵对经理

说。

经理说:"我只希望他们两个吃完午餐就回到办公室。"

由于经理的一个指令,业务代表和行政人员的美梦瞬间变为泡影。试想,当他们回到办公室后,对经理的敌意该有多深,因为经理使他们失去了自己对梦想的主宰权。

如果没有提前得到通知,就有好事的人替自己重新安排了家具摆放的位置,对于这种行为,很多人都会感到不快。因为作为主人,他们追求对于家中所有事务的控制权,有人未经允许就移动了家具的位置,不管对方出于何种美好意图,都会让主人感到自己的地位没有受到充分尊重,他们反感这种出其不意的举动。企业进行变革时,同样包含着类似的逻辑。

管理者激励员工时,常常把员工标榜为企业的主人,然而当涉及企业变革时,往往忽略了将员工视为企业主人的意识,没有提前征求员工的意见,便冒进地实行了某项变革措施,以致引起员工内心的不快。比如,企业没有与员工协商,便实施了新的考勤制度,使员工对变革的理由一无所知,员工认为自己只是被动接受的工具,对于公司的事情根本就没有决策权,从而不再对公司产生忠诚感,或者至少使原来的忠诚度打了一些折扣。

对于大多数领导者而言,省略变革前的沟通并非有意为之,只是他们认为强调这个细节不过是小题大做,因而宁愿忽略不计。然而,员工对于企业的感情往往体现在领导者的管理细节中,或许只是变革前开个会议，领导者向员工陈述一下变革的理由，然后让员工自由地发表意见，虽然最终结果一样，但这样一来变革的效果却截然不同——员工自感参与了变革的过程，他们会更愿意接受新的改动，并矢志成为改革的坚定拥护者。

人性最深层的需要，就是渴望得到别人的赞赏

毕业典礼上，校长宣布全年级第一名的同学上台领奖，可是连续叫了好几声，那位学生才慢慢地走上台。

老师问那位学生："怎么了？你是不是生病了？还是没听清楚？"

学生答："不是的，我是怕其他同学没听清楚。"

荣誉是证明个人价值的勋章，但很多人为荣誉而战，一部分原因是为了让他人知道自己有多么了不起。

心理学家威廉·杰姆斯曾经说过："人性最深层的需要就是渴望得到别人的赞赏。"在心理层面，很多人都渴望得到社会的认同，只有获得认同才能在社会群体中建立自己的影响力，体现自我的价值。

赞赏是高层次的社会认同，突显着被赞赏者与群体成员相比的相对优势。员工身处企业组织中，想通过努力获得来自领导和组织

的认可，也多是希望能在同事之中树立自信，能让大家认为自己很重要。

然而，有的管理者意欲表扬员工时，只是把员工单独叫到办公室，在只有两人的空间里表达自己对于员工的认可与肯定，或者在一些非正式场合，如楼梯间、员工餐厅等地方，管理者偶遇某一个员工时，突然想起员工的近期表现非常出色，便对员工说公司对他的工作很满意，将会给他分配更重要的工作。这种赞赏方式虽然能使员工获得心理满足，激励员工向着更高的目标努力，但是激励的程度并不够。因为除了管理者外，员工也很在乎其他同事对自己的看法，由于来自管理者和组织的赞赏具有权威性和公允性，当其他同事获知关于某个员工的赞赏信息后，有助于提高某个员工在同事中的被认可度和地位。

因此，对于某一个确实值得表扬的员工，管理者应该选在正式场合当众表扬他，这种"广而告之"的赞赏方式，能使激励效果倍增，同时，受表扬的同事为了维护乃至提升在同事心目中的位置，会付出更多的努力用于绩效的提升。

适当的感情投资，可以激发员工干劲儿

一名男子出差某国，当他买好回国的机票后，到邮局给妻子发电报。他将写好的电文交给邮局的女职员，然而

付费的时候,他发现自己口袋里的钱不足以支付电文费用,于是他对女职员说:"把'亲爱的'从电文中删掉吧,这样钱刚好够。"

"别这样",那位女职员从自己的手提包里取出了钱,说:"还是让我来为'亲爱的'这几个字付钱吧,做妻子的最想从丈夫那得到的就是它们了。"

对于管理者而言,对员工进行适当的感情投资,所收到的成效有时候大于物质激励所带来的效果。

感情管理是指管理者通过本身的形象、行为、情感来调动职工积极性的一种管理方法。人是有着丰富感情生活的高级生命形式,情绪、情感是人精神生活的核心部分。"有效的领导者就是最大限度地影响追随者的思想、感情乃至行为。"身为领导者,仅仅依靠物质手段激励员工,而对员工的感情和心理状况置若罔闻,将难以达到较高的激励成效。领导与下属进行思想沟通和情感交流是非常必要的。现代情绪心理学的研究表明,情绪、情感在人的心理生活中起着组织作用,它支配和组织着个体的思想和行为。因此,感情管理应该是管理的一项重要内容,尊重员工、关心员工是搞好人力资源开发与管理的前提与基础,这一点对技术创新型企业尤为重要。

一般而言,感情管理的方法有以下三种:

(1)民主管理。管理者能够把自己置身于与员工平等的地位,在组织内部形成民主的气氛,建立具有家庭感的企业文化。管理者乐于征求和采纳员工的意见，对员工的人格和感情给予充分尊重。

（2）形象管理。管理者身先士卒，勇于承担责任，意志坚韧，对于成功有着执着的追求，通过自我的形象来影响员工，争取使自己成为员工的榜样。

（3）情感管理。人是管理活动最主要的客体，也是管理活动的中心，管理者应将主要精力放在对人的管理上。而人是有感情的动物。因此，管理者应关注员工的感情状况，善于进行情感方面的交流，力求做到关心人、理解人、会用人。关心人，是指要从员工的物质需求和精神需求出发，既关心员工在工作时的状况，也兼顾到员工职场以外的生活，从而使员工更加忠诚地为实现企业的目标而努力工作；理解人，即管理者不仅要了解一般人的行为模式，而且能设身处地地为员工着想，了解他们行为背后的动机与驱动力；会用人，是指善于发现员工的特长和技能，了解他们的真正价值所在，用其所长，避其所短，把每个人安排到最能发挥其作用的岗位上去。

尊重员工，是回报率最高的感情投资

1910年，作为威廉·塔夫脱总统的特使，西奥多·罗斯福应邀参加英国国王爱德华七世的葬礼。此时，罗斯福已不再担任美国总统一职。葬礼结束后，罗斯福被安排与德国皇帝会晤，德国皇帝傲慢地说："你两点钟到我这里来，我只能给你45分钟时间。"

罗斯福回答说："我会两点钟到的，但很抱歉，陛下，我只能给你20分钟。"

尊重行为的发生遵照互惠定律——敬人者，人恒敬之；不敬人者，人恒厌之。

管理者作为职场权力的拥有者，决定着员工的去留、薪水的涨落乃至晋升的有无。因此，也容易表现出封建专制主义下某些暴君的特征：对员工任意辱骂，不允许员工有辩解的机会，随意指使员工。

然而，诗经有云："得人者兴，失人者崩。"委身于一个不懂得尊重员工的管理者，即使下属因为外在的胁迫而表现出努力的样子，也很难真正使他们全心全意地工作。

哈佛商学院教授罗莎贝斯·莫斯·坎特提出了坎特法则，他认为："尊重员工是人性化管理的必然要求，是回报率最高的感情投资。"员工总是乐于为自己所喜欢、所敬佩的人工作，他们真正愿意听命于某一位领导，并不完全慑于领导所拥有的职场权力，更深层次的原因是这位领导具备较强的人格魅力，不论在专业素养还是道德情怀方面，都能够使下属由衷地折服，他们懂得如何尊重和关心自己的属下，如何真正地从人性的角度对下属的生活和情感给予关怀。

所谓尊重员工，首要的是相信他们能做好自己职责范围内的工作规划和进度，能够自主地完成自己的工作。管理者应该为下属提供一个自由的空间，在员工完成工作的过程中，由下属自由地发挥着自己的想法，实践着自己的努力，管理者不会时时监督其左右，因为过度监督会产生掣肘的后果，尤其对于自制力较强、有着成功渴望的员工，过度监督极易激起他们的抵触情绪。管理者应该相信，员工有自我管理的意识和能力，只须在必要的时候提供一定的指导和帮助即可。

其次，管理者还应该改变高度集权的工作模式，不应该将大小事务的决策权都集于一手，要求员工事事请示的管理方式会打击员工工作的积极性，长此以往，员工成了没有激情的提线木偶，具有较高职场追求的员工则会另投明主，导致人才渐渐地出走企业。而且，管理者也不应该总是向员工灌输所谓的敬业精神和员工忠诚度，大多数的人都怀有逆反心理，管理者反复强调员工的忠诚度，反而适得其反，增加他们对于工作乃至管理者的反感。

最后，管理者往往会不自觉地表现出颐指气使的架势，显现出高人一等的地位，以这种架势出现在员工面前，往往使尊重失去了真诚的前提，不论管理者在这种架势中如何表现自己的平易近人，也会使下属感觉管理者不过是在欲盖弥彰地显示自己的绝对权势。一个管理者在下属心目中究竟地位如何，不在于管理者表现出多么不可一世的样子，而是他们在能够"不可一世"的时候，仍然学会如何屈尊降贵。

能力强的员工，不喜欢命令和指挥

一位护士走进了寂静无声的病房里，她叫醒了一个睡意正浓的患者。患者睁着朦胧的双眼问护士小姐："有什么事吗？"

"你必须按时服药。"护士小姐一边说着，一边递上了两粒安眠药。

安眠药的适用人群是难以入睡的患者，对于能够顺利入睡的患者而言，服用安眠药不仅多此一举，反而影响了患者的正常入睡。授权亦然，适当的监督与命令对应的是自我管理意识欠缺的员工，如果员工已具备了很强的自我管理意识，来自上级的强行监督只会使员工产生逆反心理，甚至使他们与上级的命令背道而驰。

伯恩斯定律由美国历史学家J. M. 伯恩斯提出，内容为：下属在工作中越感到自己有能力和有效率，在完成工作时就越不想要命令和指挥。

工作效能的提高一般来源于两个因素：其一是员工的自发主动性，对于成就的渴望促使他们克服一切困难取得职场的成功；其二是外在力量的鞭策，来自领导者和组织的影响力导致他们非自发情愿地努力。而那些感到自己有能力和有效率的员工，他们注重职场成功的内在驱动性，这样会使自己感到更有成就，因此他们反感来自领导的命令和指挥，因为这样会淡化职场成功中自我的决定性影响，而且显得上级对自己的能力持怀疑态度。

一般而言，能力较强、不喜欢命令和指挥的员工具备如下几个要素：①追求工作中的高成就；②具有较强的自我管理能力；③自信能够有效地制订工作计划，对时间实现高效利用。因此，他们大多时候能自觉主动地完成上级所布置的工作，并且力求工作的完美化。如果管理者的下属属于这一类人，管理者应尽量减少授权后的命令与指挥，否则管理者所给予的命令与指挥极有可能激起员工的逆反情绪，他们甚至会故意降低工作质量，以证明命令与指挥的无效性。

当然，这并不意味着管理者对于下属的工作进程可以完全地放任不管，彻底地不闻不问，因为下属在执行工作的进程中，常常会发生一些突发性事件导致工作难以按照既定的轨道实施。因此，管理者对下属的工作进展情况进行定期检查还是必不可少的，管理者应按照一定的时间频率（如每天、每周、每月等）及时获知下属被授权任务的完成情况。当工作进展偏离了目标要求时，管理者便应适时介入，或者重新调整工作方向，或者为员工提供一些建议。

管理者进行定期检查应遵循怎样的尺度，取决于如下两个因素：

（1）所授权工作的难度与对组织的重要性。工作目标越难实现，管理者越应增加检查的时间频率，如果工作完成与否会严重影响组织的整体目标，管理者也应该加大检查力度。

（2）下属的工作能力与克服困难的勇气。如果下属曾经做过类似的工作，或者管理者认为他的能力可以应对此项工作，并且下属善于应对困难处境，有足够的勇气克服困难，管理者也可以弱化检查的力度。

Part

02

招到最合适的人
招聘背后的行为心理学

招聘时，不要只看应聘者的知识和技能

玛丽家有一只冠军狗，这只狗到处找别的狗打架。它无往不胜，颇为洋洋自得，因此冠军狗总是很嚣张地向居住区里新来的狗挑衅。一天，玛丽牵着冠军狗在公园里散步，偶遇了贝蒂，贝蒂牵着一只体型庞大的狗。由于从未见过这只狗，冠军狗不停地吠叫，挑衅之心毕露无遗。玛丽想：贝蒂总是处处跟我比较，如果我的冠军狗把贝蒂的狗打败，那一定很威风！

于是，玛丽对贝蒂说："不如让这两只狗比赛一下怎么样？"

贝蒂迟疑了一下："这样有些不妥吧！"

玛丽说："你放心，如果我的狗真的要伤害你的狗，我会制止的。"贝蒂仍然迟疑，在贝蒂迟疑的瞬间，两只狗竟然打了起来。没多久，冠军狗就败下阵来，垂头丧气地躺在地上。

玛丽惊愕地问："贝蒂，你家的狗是什么品种？"

> 贝蒂说:"在它的毛没被拔掉之前,人们都叫它狮子。"

冠军狗由于只看到狮子的外在表现,便鲁莽地向其挑衅,却不知道它挑衅的对象虽然具有狗的外貌,但在角色认知上却是一只狮子。管理者在面试招聘时,若只从知识和技能的层面考察应聘者,罔顾了应聘者的内在本质特征,就与冠军狗所犯的错误如出一辙。

美国著名心理学家麦克利兰1973年提出了一个著名的素质冰山模型。所谓"冰山模型",就是将人员个体素质的不同表现形式划分为表面的"冰山以上部分"和深藏的"冰山以下部分"。其中,冰山以上部分包括基本知识和基本技能,是人外在的表现,比较容易了解和测量,能够通过培训的方式加以改变和提高;冰山以下部分包括社会角色、自我形象、特质和动机,是人内在的、难以测量的部分,它们不太容易通过外界的影响而改变,但却对人员的行为与表现起着关键性的作用。

企业在招聘人才时,常常会产生这种困惑:所招聘的人才明明在知识和技能方面都很有优势,但是在履行实际工作的过程中,却难以达到组织的要求。素质冰山模型启示管理者,在招聘时不能仅仅局限于对应聘者知识和技能的考察,还应该对应聘者的求职动机、个人品质、价值观、自我认知和角色定位等方面进行综合了解。如果没有好的求职动机、品质、价值观等相关素质的支撑,能力高的员工反而会对企业产生负面影响。

根据素质冰山模型,人的素质可以概括为以下七个层级:

（1）技能。指一个人完成某项工作或任务所具备的能力，如表达能力、组织能力、决策能力、学习能力等。

（2）知识。指一个人对特定领域的了解，如财务知识、市场知识、行业知识等。

（3）角色定位。指一个人对职业的预期，即一个人在职场想做些什么事情，如教师、设计师、销售专员等。

（4）价值观。指一个人对事情是非、重要性、必要性等的价值取向，如合作精神、献身精神等。

（5）自我认知。指一个人对自己的认识和看法，如自信心、乐观精神等。

（6）品质。指一个人持续而稳定的行为特性，如正直、诚实、责任心等。

（7）动机。指一个人内在的、自然的、持续的想法和偏好，驱动、引导和决定着个人的行动，如成就需求、人际交往需求等。

麦克利兰的素质冰山模型，为人力资源管理的实践提供了一个全新的视角和一种更为有利的工具，它构建了某种岗位的胜任素质模型，对于担任某项工作所应具备的胜任特征进行了明确的说明，而且成为进行人员素质测评的重要依据，有助于人员招聘工作更加科学化和有效化。

招聘时，要考查应聘者过去的具体工作行为

球迷：你怎么能让张老头去当守门员呢？

教练：张老头守了几十年的仓库大门，从来没有让一个贼进去过，他经验这么丰富，我为什么不能派他上场呢？

上面的例子似乎很有道理。但公司不同，相同的职位往往工作内容迥异，对于员工的要求也截然不同。因此，管理者在面试应聘者时，要善于侦察应聘者过往的具体的工作行为。

招聘面试是人才甄选的一个重要环节，只有从云云的应聘者中遴选出与企业文化和职务设计最吻合的人才，才能降低管理成本，实现组织的高绩效。但是如何才能发现某个应聘者就是组织所需要的人才呢？运用STAR原则是一个行之有效的方法。

所谓的STAR原则，就是Situation（背景）、Task（任务）、Action（行动）和Result（结果）四个英文单词的首字母组合。STAR原则是面试过程中涉及实质性内容的谈话程序，这种面试法能很快地挖掘出应聘者过往的工作表现和解决问题能力的大小。

运用STAR原则面试应聘者的流程如下：首先，管理者要了解应聘者以前的工作背景，掌握关于应聘者所供职公司的经营管理状况、所在行业的特点及该行业的市场前景的信息，进行背景调查

（Situation）；然后，管理者要询问应聘者具体的工作任务（Task）有哪些，任务的目标是什么；最后，管理者要着重了解应聘者是如何具体执行工作任务的，他采取了哪些行动（Action），以及取得了什么结果（Result）。

比如，有的应聘者在面试介绍中会自诩为"我是原来公司的销售冠军"，乍听之下，似乎这个应聘者应该能胜任所申请的销售经理的职位，但是其实"销售冠军"的说辞并不能证明应聘者是合适的人选。管理者应该继续追问："公司为你的销售工作提供了哪些支持性资源？公司的产品怎么样？市场区域的产品需求量有多少？"然后，还要了解如下几个问题："你进行了哪些工作来促成交易？是频频拜访客户，还是组织了一些推广活动？"最后，管理者便要向他询问工作的结果。管理者只有对应聘者过往的工作经历仔细询问后，才能全面获知应聘者的工作经历和他所具有的知识和技能，从而为人才判断提供足够的参考信息。

STAR原则面试法，杜绝了表面信息的蛊惑性，尽可能地挖掘出应聘者所具有的知识和技能，是企业通过面试招聘到合适人才的有效工具。不过，这里面还蕴涵着大量的细节性技巧，比如，应聘者具有很高的面试技巧，使管理者难以从看似完美无缺的回答中找出不符合事实的信息。因此，管理者在面试时，还要留意应聘者的身体语言和面部表情，减少常规性问题的提问，以免招聘到夸夸其谈、华而不实的应聘者。

对公司缺点避而不谈，不利于招到优秀人才

一家公司的老板去逝后被送上了天堂，看门的天使却怎么也查不到他的记录，于是天使便让老板自己选择要去天堂还是去地狱，并且可以让老板先到两个地方都度过24小时后再作决定。

老板去的第一个地方是地狱，他进门的时候，里面正在举办一个狂欢聚会，他看见了很多曾经的同事，大家疯狂地庆祝，享受着美食、名酒与辣妹。24小时后，老板依依不舍地离开了这个地方。

随后，老板被送往了天堂，里面虽然景色秀美，但恬静安逸得有些沉闷，天堂的居民也表现出生活恬淡的样子，老板在这里安静舒服地度过了24小时。

抉择的时间到了，老板对天使说："天堂虽然很不错，但是比较一下，地狱似乎看起来更好。"于是他选择成为地狱的居民，天使把老板送到了地狱。

老板兴奋地推开了地狱的大门，然而，眼前的所见所闻让他大吃一惊：地狱里处处荒原，透着萧索的味道，他的同事衣着破旧，不是在上刀山，就是在下油锅。

老板惊恐万分地问地狱的看门人："怎么会这样？我

上次来的时候不是这个样子啊?"

看门人对着他的屁股踢了一脚:"上一次,你是来面试的,而现在你已经是正式员工了。"

企业为了把人才吸引到企业,在面试新员工时,总是倾向于强调公司和工作的正面特征,对于那些员工所不喜欢的负面特征则避而不谈。然而,这种选择性向员工提供信息的做法并不利于组织招聘到优秀的员工。

管理者在面试新员工的过程中,当涉及组织和工作介绍时,有的管理者总是专注于描述组织和工作的正面特征,如良好的福利待遇、亲如一家的员工氛围、完善的培训项目、人性化的制度建设等;然而,对于组织的缺点则避而不谈,如较高的员工流动率、常常需要员工周末加班、企业正处于发展的瓶颈期等,因为他们担心这些缺点会吓跑了面试者。

但是,纸终究是包不住火的。当员工进入公司后,经过一段时间的工作,他们会渐渐地发现组织的缺点,觉得公司的现实情况并不像面试时所描述的那样好,从而产生一种被欺骗的感觉,认为管理者和所就职的公司是不可信任的。如果组织的现实情况严重偏离新员工的期望,新员工一般会失望地离开企业。

面试时,管理者刻意掩盖组织和工作的负面信息并不会有助于企业招聘到优秀的人才。因为:其一,招聘应建立在信任的基础上,只有双方对彼此的愿景和情况达成了共识,企业才能招到合适的人才，利用不真实的信息吸引优秀的员工，即使优秀员工进入了公司，最终也会抽身而去；其二，一般而言，员工对于公司的贡献具有累积效应，新员工在公司待得时间比较短，一般不会为公司做出什么大的贡献，公司在这个期间也需要支付薪水，在投入产出方面，公司是很不划算的。

  琼是某高科技公司的首席营运官，她提倡在招聘时使用"现实工作预览"。所谓的"现实工作预览"，就是在招聘过程中，为应聘者提供真实、准确、完整的有关工作和组织的正面和负面信息。现实工作预览能有效地提高组织和员工的匹配度，降低离职率。琼在面试时会特意强调公司的"缺点"，比如，她会坦诚告诉面试者他们每天需要工作10~12小时，虽然有些人在面试时听到这个信息后被吓跑了，但那些愿意加入公司的人在后来的工作中对这个要求都毫无异议，并对公司持有很高的忠诚度。一般而言，当应聘者接受工作的消极信息后，他入职后因为那些消极情况而离职的可能性很小。

  究其本质，企业与员工是一种合伙人关系，组织和个人共同接受挑战，一起致力于组织目标的实现。现实工作预览真实地向应聘者传递有关工作积极与消极方面的信息，有助于应聘者在信息比较充分的情况下做出选择。因此，他们入职以后便会对当初的选择做出承诺，即使在工作中要面对很多困难，也会因为对困难有了心理准备而减少抱怨，从而严于要求自己，提高工作质量。企业与员工合作的基础建立在信任的基础上，只有彼此遵守合作之初所做出的允诺，才能齐心合力共同奔向远大的前程。企业作为未来发展的主导者，坦诚地告诉面试者公司的全貌，尤其是一些负面的信息和要求，如工作的压力较大、需要经常异地出差、考核制度很严格等，才能真正招聘到企业的志同道合者。

多参考别人的意见，有助于招到好员工

兔子到第一家公司工作。老板问："兔子，今天工作忙不忙？"兔子答："不忙。"

下班时老板对兔子说："你明天不用来了。"兔子答："为什么？"老板说："因为你不能多为公司做事，所以才会不忙，公司为什么要养你这个闲人？"

兔子到第二家公司工作。老板问："兔子，今天工作忙不忙？"兔子答："很忙。"下班时老板对兔子说："你明天不用来了。"兔子答："为什么？"老板说："因为你没有时间管理概念，所以才会这么忙，我们公司绝对不养庸才！"

兔子到第三家公司工作。老板问："兔子，今天工作忙不忙？"兔子答："还行。"下班时老板对兔子说："你明天不用来了。"兔子答："为什么？"老板说："因为你做事缺乏理性，所以才不知道自己的工作进度，公司要

你何用？"

兔子到第四家公司工作。老板问："兔子，今天工作忙不忙？"兔子答："刚刚忙完。"下班时老板对兔子说："你明天不用来了。"兔子答："为什么？"老板说："因为你做事效率太低，做完就不能检查一下吗？公司要你何用？"

兔子到第五家公司工作。老板问："兔子，今天工作忙不忙？"兔子答："有些工作已经做完了，也检查过了，现在正在做其他事。"下班时老板对兔子说："你明天不用来了。"兔子答："为什么？"老板说："因为你做事缺乏系统性，有些事不会一起做吗？公司要你何用？"

兔子到第六家公司工作。老板问："兔子，今天工作忙不忙？"兔子答："我的工作都做完了，正在帮别人做。"下班时老板对兔子说："你明天不用来了。"兔子答："为什么？"老板说："因为你做事没有计划，你不会自己规划一下明天要做的事吗？公司要你何用？"

兔子到第七家公司工作。老板问："兔子，今天工作忙不忙？"兔子答："今天的工作做完了，明天的工作也做完了。"下班时老板对兔子说："你明天不用来了。"兔子答："为什么？"老板说："因为你做事不考虑整体，你不会帮同事分忧解劳吗？公司要你何用？"

兔子到第八家公司工作。老板问："兔子，今天工作忙不忙？"兔子答："今天的和明天的工作都做完了，现在在帮同事的忙。"下班时老板对兔子说："你明天不用来了。"兔子答："为什么？"老板说："因为你太爱出风头，你的帮忙很可能导致其他同事的惰性或者造成他们的压力，公司要你何用？"

兔子到第九家公司工作。老板问："兔子，今天工作忙不忙？"兔子答："等一下，我思考一下再回答你。"下班时老板对兔子说："你明天不用来了。"兔子答："为什么？"老板说："因为你目中无人，我问你话你竟然一再搪塞我，公司要你何用？"

兔子到第十家公司工作。老板问："兔子，今天工作忙不忙？"兔子答"我……我……不……不知道……该……该怎么……回答你……"下班时老板对兔子说："你明天不用来了。"兔子答："为什么？"老板答："因为你连做事忙不忙都不知道，公司要你何用？"

兔子到第十一家公司工作。老板问："兔子，今天工作忙不忙？"兔子答："去你的，老子辞职不干了……"老板说："有个性，我们公司就需要这种个性鲜明的员工！"

上面这个好笑的故事，谈的是心理学中的投射效应。招聘面试员工时，如果管理者受到投射效应的影响，往往招聘到的不是适合组织文化的员工，而是与管理者的爱好、价值观类同的人员。

所谓"投射效应"，是指以己度人，认为自己具有某种特性，他人也一定会有与自己相同的特性，把自己的感情、意志、特性投射到他人身上并强加于他人的一种认知障碍。在人际认知过程中，就是人们常常假设他人与自己具有相同的特性、爱好或倾向等，常常认为别人理所当然地知道自己心中的想法。投射效应最显著的行为表现就是情感投射，在人际交往中，人们对于自己喜欢的人越看越觉得有很多优点；对于自己不喜欢的人，则越看越讨厌，越来越觉得他的缺点数不胜数，令人难以容忍。这种情感投射直接导致人们总是过度地赞扬和吹捧自己所喜爱的人，而严厉地指责、甚至肆意诽谤自己所厌恶的人。

投射效应是管理者招聘面试员工时极易发生的一种认知误差，如果被面试者与管理者爱好相同、有着类似的情感经历或对于某一件事情秉持着同样的看法，相较其他面试人员，管理者更易于把票投给可以让自己产生共鸣的面试者。比如，管理者在与面试者进行交谈时，当得知面试者与自己毕业于同一所大学时，便情不自禁地对面试者关注起来，甚至聊起了与大学有关的事情，通过一番关于近似校园经历的交谈后，对比其他的面试者，情感上的重合使管理者更易于把校友招聘到公司内部。然而对于公司而言，针对职务的具体要求，此位校友却可能不是最优的选择。投射效应使管理者的招聘活动建立在个人的偏好上，使人员招聘偏离了组织的目标，一些更能胜任的员工被阻隔在组织之外，同时还造成公司员工的高度同质化，不利于团队合作中的性格互补。

当然，投射效应对于人员招聘也有有利的一面，即所谓的"英雄惺惺相惜"，由于投射效应的影响，管理者更易于把与自己有共同愿景的人员招聘到企业，增强企业的向心力。

进行人员面试时，管理者尽量多谈及面试人员的过往工作经历，在确定招聘选择时，多参考一下来自相关部门主管和人力资源部门的意见，才能够降低投射效应对于人员招聘的认知误差。

运用情景模拟面试法，有助于招到好员工

科特去一家世界顶尖企业面试工业间谍的职位。人事部经理与科特进行面谈后，递给了科特一个信封，对他说："请你把这个信封送到第八层的档案室，然后你就可以回去了，一周以后我们会通知你面试结果。"

从人力资源部门出来后，科特转身溜进了卫生间，他环顾四周看没有什么人，便迅速打开了信封，里面的便笺写着："你被录用了，马上回人事部报到！"

管理者面试新员工时，一般会注重了解员工的人格特征和工作履历，因为这些因素对于判断员工胜任与否有很大的参考价值，其实，除此之外，求职人员在具体情境下的举止行为往往更能预测出

员工未来的工作表现。

情景模拟面试法就是根据应聘者所申请的职务,编制一套与该职务实际情况相似的测试项目,把应聘者安排在模拟的、逼真的工作环境中,要求应聘者处理可能出现的各种问题,用多种方法来测评其心理素质、潜在能力的一系列方法。

情景模拟面试法一般有如下五种类型:

(1)公文处理

公文处理是情景模拟面试法的一种主要形式,公文一般由文件、备忘录、上级指示、调查报告等组成。应用这种方法面试应聘者时,需提前向应聘者提供关于组织的背景资料,并使应聘者意识到他既不是在演戏,也不是在代理职务,而是组织真正的负责人,他要像处理现实问题一样处理手里的公文。公文一般不少于5份,不多于30份,每个应聘者要批阅的公文可以一样,也可以不一样,但难度要相似。根据公文的数目和难度,规定每个应聘者完成的时间。

(2)与人谈话

与人交谈包括电话谈话、接待来访者和拜访有关人士三种类型,企业的相关人员饰演交谈的另一方,实地考察员工的人际礼仪常识、心理素质、应对技巧、语言表达能力、处理突发问题的能力等。

(3)无领导小组讨论

所谓无领导小组讨论,就是指几个应聘者就一个问题进行讨论,讨论前并不指定谁主持会议,在讨论中观察每一个应聘者的发言,以便了解应聘者心理素质和潜在能力的一种测评方法。

（4）角色扮演

角色扮演就是要求应聘者扮演一个特定的管理角色来处理日常的管理事务，以此来观察应聘者的多种表现，以便了解其心理素质和潜在能力的一种测试方法。

（5）即席发言

即席发言就是指主试者给应聘者出一个题目，让应聘者稍做准备后按题目要求进行发言，以便了解其有关的心理素质和潜在能力的一种测评方法。即席发言主要了解应聘者快速思维反应能力、理解能力、思维的发散性、语言的表达能力、言谈举止、风度气质等方面的素质。

虽然情境模拟面试法具有较高的可信度和效率，有助于全面考察应聘者的综合素质，但是情境模拟面试法往往需要较长的准备时间，所需费用也比较高。一般只有在招聘高级管理人员时才运用这种面试方法。

运用案例面试法，有助于招聘成功

一个富翁准备高薪聘请一名司机，富翁的住所外挤满了求职者。对于每一位求职者，富翁都会问同样的问题："我和你同时坐在车里，前面是一处悬崖，你能驶向悬崖多近而不至于掉下去？"

"三十厘米。"第一个求职者说。

"十五厘米！"第二个求职者说。

"八厘米！"第三个求职者说。

……

直到有一个求职者说："我会尽量远离那个地方，越远越好。"

"恭喜你，从现在起你就是我的司机了。"富翁当即决定。

这个富翁所采用的面试方法，叫作案例面试法。

管理咨询公司最早将案例面试法用于对应聘者的测评。来自Babson大学毕业生职业生涯规划中心的一名副主任，解释了案例面试法在咨询公司兴起的原因："公司正在挑选最棒的、最聪明的职员。咨询顾问常常不得不与公司的一些高级行政人员一起工作。为了此类职位的人员在那种情况下能够高效的工作，他们需要能够独立思考、分析问题、给出有创造性的解决方案，并且要支持任何提出来的建议。"

在进行案例面试的过程中，面试官首先会介绍一些关于公司的信息，然后提出公司所面临的问题或者所处的两难困境，应聘者需要对这个公司如何渡过难关提出一些建议。案例一般用口头的方式进行表述，但是如果案例过于复杂，书面的形式便成了最佳的选择。案例中所涉及的问题和困境，既可以是真实的，也可以是虚构的。

通过案例面试，面试官能够直接考评应聘者的逻辑能力和思维能力，知道他们如何构建一个问题，以及他们在压力下是否能够清晰地表达自己的思维意识。由于案例面试的设计旨在增加应聘者的压力，应聘者所承受的压力往往大于来自传统面试的压力，因而这种面试方法还能使应聘者的心理素质得到最真实的彰显。

案例面试一般有如下三种方式：

（1）开放式结尾案例：面试官只给应聘者提供一两个句子容量的信息，应聘者要充分利用这些信息，然后给出自己的设想。

（2）多重结构案例：面试官提供足量的信息，并在应聘者处理问题的过程中不断地引导对方。

（3）书面辅助案例：面试官先给应聘者提供一些资料，然后离开面试场所，留下应聘者处理手里的资料，当面试官回来时，应聘者要把自己对于资料的领悟向面试官作出分析。

矮子里面拔将军，99%都是错的

一个人考驾驶执照，主考官问他："当你在行驶途中，突然看到一只狗和一个人在车前，这时候你是轧狗还是轧人？"

答："当然轧狗。"

主考官说："你下次再来考吧。"

那人说:"我不轧狗,难道轧人不成?"

主考官慢条斯理地说:"你应该刹车,先生。"

管理学领域有一条重要的格言:"当看上去只有一条路可走时,这条路往往是错误的。"

1631年,英国剑桥商人霍布森从事贩马生意,他大肆宣称:"你们买我的马、租我的马,随你们的便,价格都便宜。"然而,虽然霍布森拥有很大的马圈,里面满是肥美的马匹,但他在马圈出口处开了一个小门,买马人的选择权只是局限在能从小门出去的马。因此,买马人左挑右选,他们自以为自己完成了满意的选择,其实所选的只是一些瘦马、小马,这些买主沦为低级决策结果的牺牲品,其实质是小选择、假选择、形式主义的选择。后来,管理学家西蒙把这种没有选择余地的所谓"选择"讥讽为"霍布森选择"。

事物的好与坏、优与劣,都是在对比分析中产生的,只有选取的样本足够多,才能使判断和选择的结果尽可能的合情合理。如果"选择"已经没有了选择的余地,或者"选择"只局限于寥寥的几个参考对象,即使挣扎着做出了选择,也常常导致所选择的对象只是相对最优,而不是真正的绝对最优。

管理者在选拔人才时,如果陷入霍布森选择效应的困境,只是拘泥在一个狭小的范围内进行遴选,那么,即使左右权衡后做出了选择,但相对于职位的匹配性和胜任性,也不过是"矮子里拔将军"，所选出的人才并不是最合适的人。选择的局限性使管理者与真正的人才失之交臂，难以实现人才的优化配置。

  对于企业的人才战略而言，为了避免霍布森选择效应所导致的人才非最优化，管理者最好不要仓促招聘，不要由于某一个职位出现了暂时的空置，便急急忙忙地寻求一个人来补缺职位。因为，如果招聘的过程过于急迫，管理者便会不自觉地降低选择的标准，忽略了应聘者的负面因素，导致管理者无形间犯了本末倒置的错误：单纯为了招聘而招聘，而不是为了所需要完成的工作而进行人才选择。

Part

03

领导不狠,员工不强

领导力背后的行为心理学

有小缺点的主管，在下属眼里更有魅力

一位游客来到了一个市镇，镇上一家商店橱窗上的广告不仅写错了字母，而且语法不通。游客走进了这家商店，问老板："您橱窗上的广告的字母是错的，而且还语法不通，难道一直没有人告诉您吗？"

"不瞒您说，其实我是故意的。这样写，人们都认为我是个笨蛋，都来我这里买东西，以为能趁机捞点便宜。多亏这个广告啊，它为我带来了源源不断的生意。"老板得意地告诉游客。

从自我的角度出发，当然是越完美越好，然而对于旁人而言，他们更喜欢完美中带一点瑕疵的人。所以，在某些的时候，大智若愚不失为一个交际良策。

在管理者的意识里，往往奉行这样一个法则：绝对的完美才能够在下属面前建立绝对的权威，才能够保障绝对的服从。然而，"出丑效应"却颠覆了这一逻辑常识。出丑效应认为，才能平庸的人固

然不会受到他人的倾慕，但是全然没有缺点的人也未必讨人喜欢，最能够赢取他人喜欢的往往是精明而又带点小缺点的人。

一位心理学教授曾做了一个关于管理者魅力的实验，他给被测试的对象播放了四段情节类似的访谈录像：出现在第一段录像里的是一个非常优秀的成功人士，他成就辉煌，面对主持人的采访，态度非常自然，谈吐不凡，没有一点羞涩的表情；第二段录像的被访者同样是一个非常优秀的成功人士，但是他在接受采访的时候表现得很羞涩，甚至紧张地把桌上的咖啡杯碰倒了，咖啡还将主持人的裤子淋湿了；第三段录像的被访者是一个非常普通的人，在接受采访的过程中，他虽然不紧张，但表现得很不出彩；第四段录像的被访者也很普通，面对采访很紧张，像第二位被访者一样，碰倒了咖啡杯，淋湿了主持人的裤子。看完四段录像后，教授让被测试对象从四位被访者中选出他们最喜欢的一位和最不喜欢的一位。

测试结果显示，第四段录像的被访者被公认为最不被测试者喜欢的，而第二段录像中打翻了咖啡杯的成功人士赢得了95%测试者的喜欢。这便是"出丑效应"对于管理者的魅力的正面放大。对于那些比较成功的人而言，一些微小的失误不仅不会影响人们对他的好感，相反还会提升他们的真诚感与可信任度。如果一个人表现得过于完美，几乎难以从他身上寻到一个缺点，人们就会觉得他不够真实，毕竟缺点是人性的衍生品，看似十全十美的人反而降低了他在别人心目中的可信度。

出丑效应是一种对于人性的回归，人们往往更偏好那些成就突出又很真诚的、值得信任的人。员工也是如此，真诚可信的领导更能使下属产生情感共鸣，增进彼此之间的亲近度。因此，对于管理者而言，事事苛求完美虽然是优良的素质诉求，但在一些无伤大雅的小事上，适当地表现出一些小失误，反而会增加员工的好感度，有利于团队的和谐与沟通。

没有不好的组织，只有不好的领导

　　总经理对公关总监说："你听着，现在有人试图收购我们公司，我要你想尽办法抬高我们股票的价格，让他们买不起！"

　　第二天，公司股票的价格上涨了5个点；第三天，又上涨了5个点。总经理非常高兴，他把公关经理叫来："你是如何抬高股价的？"

　　"我向外界放了一个假消息。"

　　"什么假消息？"

　　"我说你快要辞职了。"

当管理者抱怨自己所领导的部门人心涣散、效率不高时，不妨反思一下，是否自己的管理方式尚有待提高，因为管理者的功用之一便是如何成就一个高效的部门。

一个国家的兴衰成败全在于国君的雄心和胆识；一个企业能否实现高效运行、获得不俗的组织绩效，取决于管理者的管理能力与个人魅力。美国军事家克里奇将这种决定关系归纳为克里奇定理："没有不好的组织，只有不好的领导。"

2001年，面对突如其来的"9·11"恐怖袭击，纽约前市长鲁道夫·朱利安尼表现出了超人的处变不惊态度和悲天悯人情怀，公众视其为英雄人物。同年，鲁道夫·朱利安尼因在"9·11"事件中的指挥表现而获得了"美国市长"的称号。很多人都认为是"9·11"成就了朱利安尼，但其实他的领导才能在很早就已经表现出来了。他在上任之初曾花费一年多的时间学习一些关于危机管理的功课，如生化武器或炸弹攻击等。因此，"9·11"事件虽然发生得出乎意料，但朱利安尼以迅速的反应能力应对了这场袭击，使纽约市民尽快走出了恐怖事件的阴霾。

试想，如果此时在任的是一位对危机管理缺乏了解、缺乏危机意识的市长，很可能遭到恐怖袭击后的纽约会是另一番景象，也许所采取的应对措施远没有现实中那么及时、有效。领导驾驭组织的过程，犹如左右着一盘棋局的走势，组织文化如何塑造、员工心意向背完全取决于领导者的管理风格。领导者最大的价值便反映在对于组织的重塑上，企业界常常发生的换帅风波大多是因为好的将领能够带领一个组织认清自己的使命，激发组织成员的斗志，彻底改善组织的风貌，成为不俗战绩的实现者。

领导者如果发现应用自己目前的管理方式无法使组织进入理想

的发展轨道，或许这意味着故有的领导风格应该进行变革了。此时，领导者应调整自己的领导风格来适应组织成员的文化背景。

当领导在问题现场时，下属会信心倍增

在一个交通繁忙的十字路口，一位女士的车子出了点故障，无法发动，她很着急，不知道该怎么办。

这位女士车子的后面还停了一辆车，那辆车上的司机见前车始终不动，便按捺不住脾气，一个劲儿地猛按喇叭。在喇叭的催促下，女士更加焦急，不论她怎么努力，车子只是停在原地不动。喇叭声依然"滴……滴……"地响着。就在此时，女士从车里走出来，向着后面的车子走去。

路人都以为一场街头骂战就要开始上演，然而女士轻轻地敲了敲后面车子的车窗："先生，可不可以麻烦你到前面帮我发动车子，我在后面负责按喇叭……"

一味地抱怨指责，不如告诉她到底车子该如何发动，对于因为问题无法解决所产生的紧迫心理，相较于旁观者，问题的当事人更加深有体会。

威尔逊法则的提出者是美国行政管理学家切克·威尔逊，他主张：如果部下得知有一位领导在现场负责解决困难时，他们会因此

而信心倍增。当员工遇到一个问题不知如何应对时，他们非常渴求来自外界的支持，此时如果管理者与能力不足的员工进行经验分享，运用自己手中的资源帮助他们更有效地解决问题，将会极大地增强员工解决问题的信心。

世界上很多知名企业的领导者都力所能及地支持员工的工作，使自己成为员工克服困难的坚强后盾。麦当劳快餐店创始人雷·克罗克在办公的时候，总是喜欢到分公司各个部门走走、看看、听听、问问，随时准备帮助下属解决工作中遇到的问题。曾有一段时间，麦当劳面临着严重亏损的危机，克罗克发现其中一个重要原因是公司各职能部门的经理总是习惯躺在舒适的椅背上指手画脚，于是他把所有经理的椅子靠背锯掉。最初，很多人对于克罗克的疯狂举动难以理解，但随着经理们纷纷走出办公室，深入员工中间，帮助员工们现场解决问题，大家开始渐渐明白了克罗克的苦心：克罗克希望通过"走动管理"的方式使经理与员工共同解决遇到的问题。新的管理方式实行一段时间后使公司最后扭亏为盈。

通用电气公司的韦尔奇对于下属所遇到的问题也不吝指导，竭尽全力为员工开展工作提供资源保障。CNBC电视频道的《商务中心》是通用旗下的一档颇受欢迎的节目，2001年4月底，该节目的女主持人苏·埃雷拉给韦尔奇打了一个电话。她告诉韦尔奇：著名节目主持人多布斯又回到了CNN电视台，主持《货币之线》节目，由于《货币之线》与《商务中心》处于同一个时间段，这会严重威胁《商务中心》的收视率。为此，她希望韦尔奇能发来一封电子邮件，以鼓舞她的团队成员的士气。

韦尔奇知道后，亲自来到苏·埃雷拉的工作室，在接下来的一个星期里，他与她的15人团队并肩作战，吃着饼干，喝着可乐，一起讨论几十种应对方案。通过韦尔奇身体力行的协助，在星期一节目播出的时候，《商务中心》与《货币之线》打了个平手，而到星期四《商务中心》的收视率就高多了。正是韦尔奇的亲临指导，使CNBC团队成员增强了战胜对手的决心，没有在收视率之战中败下阵来。

作为组织的领导者，其任务之一便是去弥补员工或工作环境的欠缺之处。管理的有效性也往往取决于管理者弥补不足的能力。不过，提供支持是一个相互的过程，管理者在指导员工时，首先需要积极倾听，然后提出自己的反馈意见，争取让员工的个人能力得到最大化的发挥。

领导能力强、权力大，会吸引下属追随

一只兔子在山洞前煞有介事地忙忙碌碌，一只狼经过此地，问："兔子啊，你在干什么？"兔子抬起头说："写文章。"狼接着询问："什么题目？"兔子说："浅谈兔子是怎样吃掉狼的。"狼听后哈哈大笑，他认为兔子太异想天开了，于是兔子把狼领进了洞里。

过了一会儿，兔子走出了山洞，继续写文章。

一只野猪走了过来，问："兔子，你在写什么啊？"兔子一本正经地说："浅谈兔子是如何把野猪吃掉的。"野猪认为这简直是天方夜谭，于是野猪也被兔子领进了洞里。

最后，在山洞里，一只狮子坐在一堆白骨间，一边打着嗝一边读着兔子交给它的文章——《一只动物，能力大小关键要看你的老板是谁》。

强将手下无弱兵，卓越的领导往往能够培训出精兵强将，进而打造出一支战斗力强的合作团队。

美国管理学家D·布罗克指出："跟随一个最能干、最有权力的主管，比较能够实现自己的理想，也比较能够掌握机会。"激励员工的过程近似于发掘员工潜力、增长员工职场经验的过程，从这个层面来说，管理者还间接地发挥着"师者"的作用，管理者个人工作能力的大小决定了其下属在职位上的发挥。如果一个管理者自我管理意识很强，勇于承担责任，把工作视为人生的追求，开辟一切途径去解决工作中遇到的问题，这说明他对自己的工作态度和工作能力具有较高的要求，易于在员工培训方面表现出同样的性格素质，即以高标准要求和指导员工的工作。由此来看，管理者工作能力的大小直接决定了下属的进取心与工作中的表现。

遵照这种逻辑理念，一个管理者如果想实现对于组织的驾驭，成为优秀员工的核心人物，首先，要注重自我的学习与发展，时时进行自我激励和鞭策，在困难任务面前，做到"一马当先，身先士卒"。唐太宗曾说："若安天下，必须先正其身。未有身正而影曲，上治而下乱者。"试想一个管理者要求员工为了追赶工作进度而周末加班，自己却与家人一起享受着假期，又怎能使员工富有工作热情呢？

多给新人表现机会，安慰其怀才不遇的心

一头小狮子被运到了一个动物园里，它很兴奋，因为终于有很多游客能够见识他林中之王的威力了。小狮子的隔壁是一头病怏怏的老狮子，它一上午只是死气沉沉地趴在地上睡觉。小狮子认为它的尊容实在有损狮子的王威，不禁自言自语道："它哪配得上'狮子'的称号啊，简直就是一只病猫。"

小狮子觉得自己有义务展示狮子的威风，于是便不停地向游人咆哮着，似乎想冲破笼子的禁限。

终于到了中午吃饭的时间，饲养员带来了两头狮子的午餐。他将一大块肉扔进老狮子的笼子里，扔给小狮子的只是一些坚果和香蕉。

小狮子很愤懑，生气地对老狮子抱怨："为什么我会

受到这么不公平的待遇？我的表现才像头真正的狮子，而你除了睡觉什么也没干！"

老狮子缓缓地睁开了眼睛，慢悠悠地对他说："你是新来的，还不了解这里的情况。这个动物园很小，他们养不起两头狮子，所以在动物园的名册上，你还只是一只猴子。"

你自认为自己是狮子，这个世界上的其他人并不一定也同样认为你是狮子，是否能从猴子渐变为真正的狮子，依靠的是自甘忍受和艰苦的努力。

20世纪70年代，一批年轻人从事计算机编程的工作。对于这些行业的先行者，当时很多人还不理解他们的工作，对他们持怀疑和轻视态度。于是，这些郁闷的年轻人便自嘲自己"像蘑菇一样生活"，暗指自己像蘑菇一样，虽然很需要养料和水分，但为了避免阳光的直接照射，只能隐蔽在阴暗的角落里发育成长，养料也多是来自人和动物的排泄物，这些排泄物虽然是不洁净的东西，但又是他们生长所必需的。后来，关于蘑菇的比喻便被引申为"蘑菇管理定律"，指的是组织和组织中固有的成员对新进入者的一种心态，这些新人常常被安排在不受重视的部门，终日所做的只是一些打杂和跑腿的工作，动不动还会无端地受到他人的批评和指责，根本得不到必要的指导和提携，只能在组织中自生自灭。

对于大多数加入组织的新进人员而言，"蘑菇管理定律"是他们对于新工作最深的感悟，他们得不到重视与尊重，被随意驱使，尽管他们的学历与潜力或许比组织中的老成员更有优势，但他们需要为那些老成员买咖啡、打扫卫生，他们也鲜有在公司中表现的机会，所做的工作与初入公司时的梦想相差甚远，甚至感到自己的未来就要湮没在这种琐碎的、没有成就感的工作中。

由于聘用新人往往意味着风险，除了那些空降到公司的高端人才外，大多数的新员工都会经历一段类似"蘑菇"的阴暗时期，如果他们是真正符合组织要求的人才，便会渐渐地从阴暗的角落被迁到有阳光的地方，被组织委以重任，在组织中获得发展的机遇。其实，对于新员工而言，最初的"蘑菇时期"更像是一段羽化的过程，在这个阶段，新员工日渐了解公司的企业文化，熟悉公司内部的人际交往，明晰不同部门之间的分工与合作，为以后在组织中的发展打下坚实的基础。

虽然蘑菇管理定律是组织运行的一条潜规则，但很多职场新人都难以忍受类似蘑菇的职场磨合期，自恃拥有本科或研究生的学历，不愿意放下身段去做一些不起眼的小事情，即使做这些小事情时，也心怀愤懑，甚至不惜挑衅组织和组织中的人员，最终以"怀才不遇"的心态离开组织。然而，蘑菇管理定律作为成员在组织中发展普遍的规律，初入职场的新人应该明白，这是职场发展的必经阶段，在这个过程中，注重学习他人所长，逐渐累积工作经验，才是缩短"蘑菇期"的有效途径。

对于管理者而言，为了避免人才流失，则应该对新人提供必要的心理指导和技能培训，留意他们的工作表现，鼓励他们挑战自认为能够胜任的工作，尽量缩短人力资本转化为组织人力资源的时间。

人才放在合适的位置，才会发挥其最大潜能

　　一个男青年被征入伍，当部队的眼科医生给他做视力检查的时候，他告诉医生"自己已经近视很多年了"。

　　医生仔细做完检查后，对青年说："你说得不错，你的近视很严重。"

　　医生诊断后，青年很高兴，他得意地说："那么，我可以免服兵役了吧？"

　　医生摇了摇头说："不……我认为你参加肉搏战还是没有问题的，所以就给你报上去了。"

　　这个医生真是个"量才使用"的高手啊！禀赋的差异注定了每个人都有自己的舞台，只有把人才放到他真正适合的舞台上，才会发挥人才的最大潜能。

　　英国管理学家德尼摩认为："凡事都应有一个可安置的所在，一切都应在它该在的地方。"这便是德尼摩定律。德尼摩定律启示管理者在进行职务设计和职权划分的时候，一定要遵循员工的能力、喜好及气质特点，尽量使工作与员工的能力与性格特点实现最佳匹

配。如果一个员工拥有较高的成就欲，管理者就把一些具有一定风险和难度的工作任务单独分派给他们；如果一个员工依附感较强，则让其参与某个团体中共同工作。对于能发挥自己能力的工作，员工易获得成就感，对工作产生更大的好感，工作便成了他们心之所向的事情。

一般而言，一个员工认为值得做的工作，往往参考三条标准：一是符合自己的价值观；二是适合自己的个性与气质；三是能在工作中看到成功的期望。

一个企业的成功，往往是人才战略的成功，能够把独当一面的人才集合到企业的各个部门。成功企业的第一步往往是知人，进而是善任，即对人才的能力禀赋进行了足够的侦察后，将其安排在最适合发挥其才能的位置上，使人才最大化地转化为企业的资源和绩效。

汽车大王亨利·福特被尊称为"为世界装上轮子"的人，他的成功有目共睹。"T型车"的首创成就了福特，也成就了一个伟大的企业家。在重振福特公司的过程中，亨利·福特的"唯才是举"对于T型车的"一炮而红"发挥了重要作用。

佩尔蒂埃是一名广告设计师，他深谙产品营销之道，雄心勃勃地希望在此方面有所建树，福特便让他全权负责T型车的营销策划，经过一系列方案的推敲与尝试，取得了非常好的营销战绩。

库兹恩斯负责福特汽车的推销工作，他在汽车经营方面有着很强的实战经验，但是库兹恩斯虚荣、自私、性格暴躁，导致他一直没有得到重用。但是，福特秉承"不拘一格用人才"的理念，对他委以重任，结果，库兹恩斯独创了一种推销方式，成功地在各地陆续不断地建立了经销点。

德国人埃姆技艺精湛、善于调兵遣将，然而却因长期没有得到赏识而自觉"怀才不遇"。福特发现了他的能力和抱负后，对他委以重任，甚至对他充分放权，让他自己决定用人策略，从而使很多的能人聚集到了埃姆身边，在公司各个领域做出了卓绝的贡献。例如，埃姆发明了最新式的自动专用机床，其中的自动多维钢钻，可以从四个方向加工，同时在汽缸缸体上钻出45个孔，世界上其他的机床公司只能望其项背，这一机床的发明在汽车工业革命发展史上具有重大意义。其麾下的摩根那在公司担任采购员，他只要到同业竞争对手的供应场上看一遍，就可以把最新的设备一窥究竟，回来向埃姆描述一番后，仿制或加以改进的新机器很快便能面市了。

依靠这些精兵强将的努力，福特公司全面革新，1925年，公司破记录地达到了每10秒钟生产一辆汽车的产能，所建立的竞争优势让同时代的汽车公司望尘莫及。

宽容的管理者，容易带出有创造力的团队

三个将军围在一起突起争端，最后，比起谁的部下最有胆量。

将军甲下令:"二兵,爬上那个旗杆,把旗子取下来!"

将军甲的部下完成任务。

将军乙下令:"二兵,全副武装爬上旗杆把旗子挂回去!"

将军乙的部下也完成了任务。

将军丙下令:"二兵,全副武装爬上旗杆跳一支舞!"

将军丙的部下望了望旗杆:"将军,你疯了吗?!"

将军丙说:"这才叫胆量!"

所谓的"胆量"并不是对上级的绝对服从,而是当上级提出不合理要求时,下属能够挺身而出地说一个"不"字。当然,胆量存在的前提是:即使下属的观点、态度及行为冒犯了上级的权威,上级仍然可以超然自处。

唯我独尊是很多管理者的通病,他们不允许自己的观点受到质疑,他们通过下属的唯唯诺诺来建立自己的权威,权势迷醉了他们的信念,使他们难以容忍有异见的下属。法国社会心理学家托利得指出:"测验一个人的智力是否属于上乘,只看脑子里能否同时容纳两种相反的思想,而无碍于其处世行事。"这便是管理学中的托利得定理,定理中所反映的观点其实是对宽容的推崇。管理者面对形形色色的下属,其中不乏能力很强但具备一些小缺点的人,如果管理者无法容忍下属的小缺点,对于员工的某个缺点横加指责,便无法用其所长。

《宋史》记载：有一天，宋太宗在北陪园与两个重臣一起喝酒，君臣相谈甚欢，聊着聊着，两位大臣喝醉了，他们在皇帝面前相互比较起功劳来，因为谁都难以说服对方，最后竟斗起嘴来，全然忘了应有的君臣之礼。侍卫觉得这两个臣子实在太过放肆，便奏请宋太宗，要将这两人抓起来送吏部治罪。宋太宗非但没有这么做，反而派人把两位烂醉的大臣送回了家。第二天，酒醉的两位大臣睡醒后，对于前一天的失态之举惶恐万分，他们连忙进宫请罪，看着他们战战兢兢的样子，宋太宗只是淡淡地说："昨天我也喝醉了，记不起这件事了。"

管理者对于不符合自己价值观的想法和行为持有包容的心态，体现了管理者的品质涵养，传达了古人"以德治国"的管理理念，对于那些不拘于传统、性格特立独行的员工，宽容的管理者更易于与他们和谐相处，而这些员工往往是创新型人才，对公司的发展发挥着重要作用。

警惕刻板效应，它会加重用人的误差

汤姆和亨利正在酒吧喝酒，约翰进来问酒保："那不是汤姆和亨利吗？"

酒保说："是啊，就是他们。"

于是约翰向汤姆和亨利走去，热情地跟他们打招呼："嗨！你们最近在忙些什么？"

汤姆说："我们在计划第三次世界大战。"

约翰问："真的？那会发生什么事？"

汤姆说："我们会杀一千万个阿富汗人和一个修脚踏车的。"

约翰惊呼："为什么要杀一个修脚踏车的？"

汤姆转身对亨利说："看吧！我就说没人会担心那一千万个阿富汗人嘛！"

阿富汗作为近年来战争的频发地，与战争相关似乎是顺理成章的事情，约翰对此已形成刻板的认识，结果只将关注点放在了修脚踏车的人身上。

刻板效应，又称刻板印象、社会定型、定性效应，是指对某人或某一类人产生的一种比较固定的、类化的看法。即还没有进行实质性的交往，就对某一类人产生了一种不易改变的、笼统而简单的评价。如果受到了刻板效应的影响，管理者将很难对某些员工做出公允的评价，进而在进行职务设计的时候，将不适宜的人才安排在了不恰当的职位上，某些适宜的人才却得不到施展的机会。

比如，某一位员工平时不善言谈，他很想调换职位从事销售类的工作，但在他领导的思维逻辑中，销售工作需要较高的口才素养，他认为不善言谈的人难以胜任销售工作，于是便否决了此位员工的请示。后来，此位员工离开了公司，选择了到其他的公司从事销售工作，结果他做得如鱼得水。原来，此位员工有着很强的洞察力，懂得细节沟通的技巧，常常可以通过不多的交谈促成交易。

在员工任用方面，刻板效应常常导致管理者对员工产生认知误差或偏见。比如，认为北方人豪爽，南方人精明；年龄大者保守，年轻人思维较开放；女性员工常常不堪重任，男性员工则具有较高的责任心等。刻板效应对社会人群进行简单化分类，将认知建立在泛化概括的基础上，摒除了例外性，导致认知常常与事实不符，甚至有时完全错误。正确识人与用人是合格管理者所应该具备的基本技能，管理者应克服刻板效应的影响，积极修正自己的认知。

（1）善于用"眼见之实"去核对"偏听之辞"，有意识地重视和寻求与刻板印象不一致的信息。在进行用人选择时，首先刻意剔除掉已有的刻板认识，通过所看到的言行、事实重构自己的判断标准。

（2）常常与员工进行广泛接触，并重点加强与群体中有典型化、代表性的成员的沟通，不断地检索验证原来刻板印象中与现实相悖的信息，克服刻板印象的负面影响，从而获得准确的认识。

强调能者多劳，会导致管理的效率下降

有一家四口都很讨厌做家务事，家务事像绣球一样，

爸爸推给了妈妈，妈妈推给了儿子，儿子推给了妹妹，妹妹只好推给了狗做。

一天，一位客人去拜访这户人家，他发现居然有一只狗在擦玻璃，惊讶地发出了赞叹声。

狗无奈地摇了摇头："这没什么值得大惊小怪的。"

听到狗竟然会说话，客人流露出了更吃惊的神色，他大叫了起来："天哪，你竟然会说话！"擦玻璃的狗急忙说："小声一点！万一他们知道我会说话，以后肯定叫我去接电话！"

作为一个能者，在企业中往往是不幸的，因为对于能者而言，能力越强，越疲于奔命。

管理者在进行团队管理的时候，常常会推崇"能者多劳"，建议能力较强的员工辅助其他成员承担更多的工作，以使员工的智力资源得到完全发挥，同时，还有助于形成和谐互助的团队文化。如果团队的成员中能出现一个乃至更多的能者，这自然使团队更富有战斗力。不过，一味地强调"能者多劳"，也会带来一些弊端——导致管理无序，降低了管理效率。

各司其职、责权对应本是进行团队职务设计的基本原则，然而"能者多劳"的思维方式往往导致能力强者无权有责，能力弱者有权而无责，这自然分离了组织或团体中部门、机构、员工相应的责权关系，影响组织健康、协调地发展。

同时，不可避免地，团队中的某些成员天性懒惰。他们试图逃避工作，却想享有工作完成后带来的好处，顺理成章地使用能者成了他们达到这种意图的工具；他们惯于将一部分较难的工作硬塞给能力较高者，以致能者始终有忙不完的工作，自己却拈轻怕重，没有为团队的绩效做出应有的贡献。

此外，不同的工作难度各异，如果把过多的工作和困难的工作安排给能者，把少量的工作和轻松的工作安排给能力较低的员工，而团队内部由于分工所形成的利益格局却保持不变，这种分配模式无疑是对于能力较低者的维护，为一些投机取巧的员工留下了管理漏洞。比如，一些员工为了减少自己的工作量，宁愿对管理者隐藏自己的实力，这样就不利于调动团队成员的积极性。

能者是团队的宝贵资源，为了规避以上"能者多劳"的负面效应的发生，管理者应尽量让能者在规范的组织轨道上发挥作用，或者将能者安排在与其能力相匹配的职位上，或者使能者的贡献与报酬成正比，只有如此，才能优化配置公司的人力资源。

用人之短，能为特殊岗位安排合适人才

一名员工似乎有嗜睡症，每天都委靡不振，昏昏欲睡，但由于他的父亲与公司的老板结交甚笃，经理对他的表现也是无可奈何。

其他的员工对这名嗜睡的员工很有意见，不断地向经理抱怨，说他影响了大家的工作情绪。无奈之下，经理便来到老板的办公室，向老板请示解决办法。

老板想了想说："干脆让他去卖睡衣吧，并在他身上挂块牌子，上面写上'我们的睡衣质量何等优异，连卖睡衣的人都不能保持清醒！'"

让嗜睡的员工去卖睡衣看似是下下之策，但是这种举措却起到了一箭三雕的效果：其一，减少了其他员工对嗜睡员工的抱怨；其二，不会影响老板与嗜睡员工父亲的交情；其三，最重要的是，嗜睡员工的短处为企业的绩效产生了积极的影响。

美国柯达公司在生产照相感光材料时，遇到了一个难题：由于需要工人在没有光线的暗室里工作，他们不得不在培训熟练工人方面花费巨大的时间和人力成本。

后来，公司发现，盲人可以在暗室里自在地活动，对他们进行简单的培训后，他们可以自如地适应暗室的工作，而且工作质量也提高了很多。于是，柯达公司便招聘大量的盲人从事感光材料的制作。这种举措既降低了公司的投入，还因为为盲人提供工作机会而提升了公司的美誉度。

在进行人员聘用时，"用人之长"是很多管理者的人才意识，但根据辩证唯物主义的观点，世间的万物都是辩证转化的，有时候，"用人之短"反而能另辟蹊径地为某个职位找到最合适的人才，如上所述的柯达公司的"曲径通幽"选人法。

员工的短处并不总是对组织绩效的实现产生负面影响，关键是管理者如何看待与利用员工的短处。比如，有的员工好出风头，管理者可让其担任市场公关的工作；有的员工锱铢必较，管理者可以适当地培训其成为质检员；有的员工总是喜欢在办公时间滔滔不绝，管理者可以有意识地让其承担销售的工作。人性并没有绝对的长处和短处，如果员工的短处与工作的要求匹配得当，也可以使短处转化为员工的长处。

对于一些有背景的员工，管理者很难因其存在短处而对其实施解聘，用人之短往往是最好的平衡矛盾的做法。

培养人才，是企业生存的最大课题

在宠物市场上，一位顾客问："喂！这只猫多少钱？"

"先生，100 欧元。"

"可昨天您只要 20 欧元。"

"因为今天早晨它吃了我家一只价值 80 欧元的鹦鹉。"

在这则笑话里，猫因吃了鹦鹉而实现增值。同样，企业对人才进行有效的培训，是企业与员工实现共同增值的双赢手段。

大荣百货公司是日本两大百货公司之一，公司创建于 1957 年。

公司初创时只是大阪的一家小百货店，员工只有13个人，营业面积不过50平方米，全部资金仅有8400美元，公司最初只经营药品，后来渐渐地将主营业务扩展到食品和百货领域。大荣公司很注重对人才的培养，这一人才战略为大荣公司走向成功发挥了重要的作用。大荣公司提出的"企业生存的最大课题就是培养人才"，被人们称为"大荣法则"。

企业的发展是内因、外因共同起作用的结果。一方面，企业要把握时代发展趋势，洞悉市场需要，充分利用外部环境所提供的各种发展机会和条件；另一方面，企业也要与时俱进，不断通过自身的变革去适应外部环境的变化。而培训人才便是企业塑造共同的价值观、长久具有竞争优势的最有效途径。培训的出发点和最终归宿是"企业的生存和发展"，可以把企业培训概括为这样一个"三位一体"的目的，即通过企业和员工履行教育培训的责任和权利，使企业工作富有成效，使企业维持生存和发展。

企业是一个权变的系统，需要保持与外部市场环境的适应性，企业的权变必然要求企业的主体——员工也应当是权变的。而培训是促使员工权变的最有效途径，使他们不断地进行价值观和知识技能的自我更新，以便能适应时代的发展需求。同时，培训员工也是提高绩效的一个好方法，员工知识技能的提高必然带来更高的劳动效率。此外，具体到企业文化层面，在培训中，企业为不同价值观、信念和工作作风的员工灌输企业的价值理念，有助于形成高度统一、和谐的工作团体，增加企业的向心力。

推崇"狼性文化"的华为企业，颇为重视对于员工的培训与教育。每个新员工入职，都会有一个工号，工号的数字便意味着你是第几个加入华为的员工，新员工在加入公司后还会拥有自己的培训档案，以记录在华为每次培训的培训内容、考试结果、教官评语和培训状态。

华为的入职培训一般以"打败跨国公司，进入世界500强，为民族工业争光"为精神理念。在培训时，华为会从生产、市场和管理一线抽派员工与新人进行近距离交流，由于采取了案例教学的方法，新员工总会从培训中领悟到对工作最有价值的信息。同时，华为的高层还会现身培训场所，进行热情洋溢的演讲。每当公司最高领导任正非演讲时，新员工总是听得兴致勃勃，被激发出无限的热情。

在进行入职培训时，团体进行大合唱也是一个重要的内容，华为一般选取的歌曲为《真心英雄》和《华为之歌》，运用这种方式产生鼓舞的力量，常常使员工在大声歌唱的时候热血沸腾，对在华为的未来怀有无限美好的憧憬。

华为格外重视公司的人才储备，不惜重金从英国HAY公司引进了全套人力资源管理系统，内容包括任职资格、职业发展和考核体系等。这种举措不仅使华为具备了持续发展的人才力量，还使公司"狼性文化"的传承得到了制度的支撑。

以"经纪人"的理念培育员工

一位牧师和一位公共汽车司机同时过世了,公共汽车司机上了天堂,牧师却下了地狱。牧师感到很不公平,因为他把一生的时间都贡献于教会,于是他向上帝抱怨。

牧师:"主啊!我一生都贡献于教会,每个礼拜天都带着信徒虔诚祷告,为什么我却不如一个公共汽车司机,被送往地狱了呢?"

上帝:"就是因为这样你才下地狱的。你每个礼拜带着信徒们祷告、讲经,可是他们都在下面睡觉!但那个公共汽车司机每天在街上横冲直撞,他的乘客都在祷告呢!"

冲锋陷阵固然是管理者的工作特性之一,但卓越的管理者并不是在每一个场合都事事表现、极力地突出自己,而是能够为下属提供自我尝试与表达的机会。

在管理者群体中,一定有这样的人物,他们在自我角色认知上以"明星"自居,自己包揽了组织中大多数重要的工作,分派给下属的只是一些辅助性工作。

在重要的场合,比如与客户协商时,他们竭力发挥,亲力亲为地回答客户的每一个问题,下属只是隐于幕后,或者承担着类似仆人的工作。他们对于功劳有格外的偏好,把下属的创意和功劳攫为己有,在对上级领导汇报工作时,也主要突出自己的功劳,下属的闪光点则避而不谈。他们喜欢强调自我的重要性,如果组织表现卓越,他们便口口声声地说:"全亏了我!"他们认为管理的工作就是充分地显示自我,下属只是辅助自己成功的次要人物,这种类似"明星"的角色认知使管理者进入了一个误区。因为,管理活动针对的是一个组织,目的是成就一个高效的组织,管理者游离于组织之外实施统筹工作,他们最重要的责任其实就是支持下属的工作,使下属在工作中得到表现和发挥,渐渐地能够成为独当一面的人物。

从某种程度上来看,管理者更像一个"经纪人",他们通过创造出使员工成为"明星"的环境,为员工提供自我表达的机会,充分发挥出每一个员工的潜能,让员工掌握完成工作所具备的每一种技巧,能够成熟应对每一种场面,使其渐渐地在组织中成熟和发展起来。当每个员工都能独立完成工作后,一个高效的组织自然而然地被打造出来了,此时,管理者也完成了自己的使命。

学费——建立学习型组织

一个人送他的儿子到阿里斯提卜那里求学,阿里斯提卜要收500得拉克玛学费。那人抱怨道:"这笔钱都可以买一个奴隶了！"阿里斯提卜说："那么，你将有两个奴隶。"

不接受教育的孩子将来也会成为奴隶。随着信息数量以几何级的方式增长，产品的生命周期逐渐缩短，一个失去学习意识的组织迟早会成为市场的弃儿。

在工业经济时代前期，企业多以权力控制型组织的模式运行，这种模式以等级为基础，以权力为特征，是下级对上级负责的垂直型单向线性系统，它强调"制度＋控制"，通过使人"更勤奋地工作"，来达到提高企业生产效率、增加利润的目的。由于顺应了当时的商业环境，权力控制型组织对企业运作发挥了积极的作用。但随着信息时代和知识经济时代的到来，权力控制型组织的模式渐渐地脱轨于企业发展的需要，在这种背景下，学习型组织即非等级权力控制型管理模式应运而生。

美国麻省理工大学佛瑞斯特教授最初提出了学习型组织的构想，他是杰出的技术专家，曾把信息反馈原理用于通用电气公司存货问题的研究，从中获得启示后，便开始研究企业内部各种信息与决策所形成的互动结构。1965年，佛瑞斯特教授发表了题为《企业的新设计》的论文，他运用系统动力学原理，非常具体地构想出未来企业组织的理想形态——层次扁平化、组织信息化、结构开放化，逐渐由从属关系转向工作伙伴关系，组织不断学习，不断重新调整结构关系。

彼得·圣吉是学习型组织理论的奠基人，作为佛瑞斯特的学生，他也一直在研究以系统动力学为基础的理想组织，经过近10年的企业研究和案例分析后，他于1990年完成了代表作《第五项修炼——学习型组织的艺术与实务》。在这本著作中，彼得·圣吉指出现代企业所欠缺的就是系统思考的能力，即一种整体动态的搭配能力，因为缺乏它而导致很多组织失去了有效学习的能力。产生这种局面的最主要原因在于：现代组织分工负责的方式硬性地把组织切割开来，使行动与行为主体在时空上相距较远，当行为主体不需要为自己的行为结果负责时，行为主体就不会修正自己的行为，即无法有效地学习。因此，彼得·圣吉建议企业应建立学习型组织，组织应力求精简、扁平化、弹性因应、终生学习、不断自我组织再造，以维持企业在剧变的环境中的竞争力。

建立学习型组织需具备以下五项基本要素：

（1）建立共同愿景（Building Shared Vision）：愿景可以凝聚公司上下的意志力，透过组织共识，公司成员向着共同的方向努力，员工乐于奉献，心甘情愿地为组织目标奋斗。

（2）团队学习（Team Learning）：团队智慧应大于个人智慧的平均值，以做出正确的组织决策，透过集体思考和分析，找出个人弱点，强化团队向心力。

（3）改变心智模式（Improve Mental Models）：组织的障碍，多来自于个人的旧思维，如固执己见、本位主义等，只有通过团队学习、标杆学习，才能改变心智模式，提高组织的创新性。

（4）自我超越（Personal Mastery）：个人自愿投入工作，追求工作的专精化，个人与愿景之间有种"创造性的张力"，这是自我超越的来源。

（5）系统思考（System Thinking）：培养组织成员综观全局的思考能力，通过收集资讯和分析，能够看清问题的本质和事物间的因果关系。

勤奋工作也是错吗——如何收回培训投资

一名新职员加入公司后一直兢兢业业地工作。这天老板单独把他叫去谈话。

"我注意到你，"老板说，"你比所有新来的人都工作勤奋，而且在每一件小事上都很认真。"

新职员面露喜色，期待老板的嘉奖。

"所以，"老板的声音低了下来，"我不得不解雇你。"

新职员一时难以理解，问道："天啊，难道勤奋工作错了吗？"

老板忧虑地说："我曾经聘请过好几个像你这样的年轻人，后来他们都成了行家，离开公司自己办公司，拼命想挤垮我们。"

"千军易得，一将难求。"虽然很多企业总是谋求高素质人才的加入，但是如果员工的能力过高的话，很可能成为企业发展的潜在威胁，他也许会在日后以竞争对手的身份与企业争夺有限的市场份额。这种思维逻辑也常常导致企业不愿对员工进行培训，担心员工能力增长后另谋高就。

人是潜能无限的生命体，培训发掘人的潜能是企业投资员工的一种手段。但是企业并不享有对员工的所有权，培训后很可能出现的一种后果是：员工自恃能力得到了提高，可以为企业创造更高的利润，按照收入与贡献成比例增长的规律，员工便往往会提出加薪的要求。但是企业一方认为对于企业而言，培训本来就是一种投入，企业付费对员工进行了培训，本身就证明了企业对于员工的尊重和认可，此时员工应该用努力工作回报企业，要求加薪岂不是忘恩负义？因此，员工加薪的要求往往得不到企业的应允，员工加薪未果，不免心情失落，甚至有的员工愤而离去，加入了薪酬待遇更好的企业。

培训是一把双刃剑，运用得好，有助于提高企业人力资源的整体素质，增加员工忠诚度；运用不佳，企业人财两空，花了大把的银子却是"竹篮打水一场空"。员工在培训中投入了心力，要求加薪；企业在培训中投入了资金，不愿意满足员工加薪的要求而形成追加投资，是造成企业培训员工的最大障碍。因此，如何有效收回培训投资是企业培训时面对的首要问题。关于培训投资回收策略，有下面两条参考建议：

（1）从员工收入中扣除培训费用。在培训运筹阶段，企业从员工薪酬中扣除培训费用，具体操作手法为：企业在制定薪酬政策时，把员工薪酬的一部分划为培训费用，员工在职时间越长，培训费用也越多；企业把年终奖金的一部分用做第二年的培训费用，员工的业绩越好，所获得的培训的质量也越高。上述做法不仅能降低企业培训的风险，还有助于增加员工对于培训的主动性。

（2）与受训员工签订培训协议。企业在培训前与员工签订培训协议，规定接受培训的员工在企业的最低工作年限，在此期间员工主动离开，将要向企业赔偿相应的费用。很多企业都采用培训前签订协议的做法，这样有助于把对于培训的投资转化为企业的经营利润。

高压手段，会遭到员工的抵制和报复

奥斯曼是德国环球玩具公司的老板，他对员工非常严厉、苛刻，经常责罚员工。员工们对他又恨又怕，背地里称他为"魔鬼"。

一天，奥斯曼正在公司的门外等车，公司的尼娜走过来对他说："奥斯曼先生，我对您有一个请求，请您跟我走一趟！"

奥斯曼答应了尼娜的要求，他跟着尼娜来到了一个银匠前，尼娜对银匠说："就像这样的。"说完就走了。

奥斯曼很好奇，问银匠："这是什么意思？"

银匠说："这位小姐刚刚让我打一只魔鬼造型的银器，我跟她说，可是我从来没有见过魔鬼，不知道魔鬼是什么样子。后来，她就把您带过来了。"

马基雅维利的暴君理论并不适用于现时的企业管理运营，如果一个管理者仍奉行"强权至上主义"，对员工实行高压手段，便等于把下属置于自己的对立面，这自然无法使组织内部形成和谐的气氛，也很难使员工全心全意地为了组织目标的实现而努力。

有的管理者认为人性本恶，如果和善地与员工相处，对员工实行宽松管理，员工便不会认真地对待管理者的指令和要求，难以执行到位。因此，为了使整个组织按照管理者的心意运作，管理者便要实行高压手段——不近人情地要求员工只能无条件地服从，在具体细节上没有一点协商的余地，一旦员工的工作成果与管理者的要求发生偏差，管理者便严厉责骂员工，甚至以惩罚的方式杀一儆百。美国哈佛大学管理学教授科特认为这种管理方式并不妥，他认为：无论你的手段多么巧妙，高压手段终会招致他人的抵制和报复——这便是磁力法则的内容。高压手段使下属产生畏惧心理，使他们面对管理者时总是处于战战兢兢的状态。畏惧是一种不良的心理反应，下属在感到畏惧时，心情一般是不愉快的，因此，他们对于使自己产生畏惧心理的管理者便怀有憎恨的感情，进而产生报复心理。看看历史上国家的兴衰更替，鲜有暴君长久立国的，夏桀和商纣王都是历史上有名的暴君，他们虽然曾经在权位上风光一时，但最终躲不过亡国的宿命。

一般来说，管人的方式无非有两种：一种是采取高压的方式，下属由于心生畏惧而被迫服从；另一种是采取感情化的方式，管理者的真诚对于员工产生了感化的力量，下属将心比心，主动自发地完成管理者所下达的任务。相对于前者而言，后者以情感为基础，把员工与管理者之间逆反的力量变为归顺的力量，使两者的合作与共赢产生了更大的合力。由此可见，以情动人、真诚关心员工的管理者，更能使组织获得持续的发展，使管理者产生不怒而威的力量。下面几个事项都有助于管理者与下属之间建立感情磁力：

（1）管理者亲切呼唤下属的名字。一般而言，每个人都不愿意自己被忽视，希望获得他人对自己的重视。因此，管理者应该尊重员工"我很重要"的心理诉求，尽量不要随口一句"你来一下"或者"你把我交代的事完成了吗"，而是在说话之前加上员工的名字，这样能从细节中折射出管理者对于员工的尊重。

（2）如果下属常常感到不安，管理者要找出使下属不安的因素，争取消除员工内心的不安。

下属心生不安多是来源于如下几个因素：工作环境使自己不自在，无法获得满足，比如，办公地点距居住的地方太远，办公地方采光不好影响了工作的情绪，附近餐厅较少午餐不方便解决等；工作指标高于自己的能力，无法胜任工作，常常心中焦虑；性格、气质与同事相差较大，无法适应办公室的人际氛围。

管理者要分析导致员工内心不安的因素，如果能够给予解决的，便试着改善使员工不安的工作条件；如果管理者难以解决相关问题，管理者要与员工积极沟通，争取使其改变态度来适应工作条件。

（3）体谅下属的困难。下属的困难一般来自两方面：一是工作领域，一是私人生活领域。当下属情绪出现异常时，管理者应适时地给予关爱、慰藉和援助，因为人在处于困难时，往往是最脆弱的，雪中送炭的情谊会使下属更易于对管理者产生感恩之情。

柔性管理，可以带出自动自发的团队

各位同仁：

经公司领导研究决定，对有关请假事宜作如下规定：

（1）上班时间绝对不允许解手与洗手，因为解手与洗手纯属个人体内循环与卫生问题，与公司无关；

（2）不允许请丧假，亲人去世固然可惜，但人死不能复生，绝没必要；

（3）不允许请病假，公司需要的是完整的员工，身体零件的缺失磨损，应在工作时间以外修整；

（4）不允许请探亲假，"两情若是久长时，又岂在朝朝暮暮"，无此需要；

（5）不允许请婚假，现在离婚率很高，结了再离还不如不结；

（6）不允许请事假，公司的利益高于员工利益，个人应服从组织；

（7）周末不允许休息，周末不是休息天，劳动光荣，休息可耻；

（8）不允许请孕假，这可以培养下一代爱劳动的习惯；

（9）不允许请产假，男女平等，男子不休息，女子也应向男子学习；

（10）不允许请工伤假，从哪里跌倒就从哪里爬起来，轻伤不下火线。

如果制度的适用对象是机器人，这样的规定还有施行的可能，然而对于有着感情诉求的工作人员，上述规定只会遭到员工的群起而攻之。

20世纪通行的泰勒管理模式是典型的"刚性管理"，这种模式以规章制度为中心，借助制度约束、纪律监督、奖惩规则等手段约束员工的行为，以达到提高员工工作效率的目的。然而这种管理理念以"经济人假设"为理论前提，在实际运行时受到了越来越多的局限。"柔性管理"则不同，它强调"以人为本"，在研究人的心理和行为规律的基础上，采用非强制的方式，争取在员工意识中产生一种潜在的说服力，从而把组织意识演变为个人的自觉行动。柔性管理的最大特点在于：不是依靠权力的威慑来进行管理活动，而是将企业的文化、组织制度内化为员工的自觉意识，组织的良性运行有赖于员工内心深处激发的主动性、内在潜力和创造精神。

柔性管理法则是在"刚性管理"基础上的革新与升华,具体的职能层面体现了如下几点:

(1)企业强调感情管理,注重企业文化建设,在企业内部推行民主管理,致力于人力资源的开发;

(2)组织趋向柔性化,集权的管理方式被分权的方式所取代,传统的金字塔形组织结构过渡到网络型组织,组织结构逐步转向弹性权变设置;

(3)战略决策的制定柔性化,如增强战略的灵活性,实行弹性预算,推行滚动计划法等;

(4)在市场营销方面,采取整合营销的方式吸引消费者,全方位刺激消费者的购买欲望,提高产品的市场占有率;

(5)高新技术被企业引入管理流程,信息技术带来的管理信息系统、办公自动化等,使管理具有更灵敏、快速的特点。

柔性管理是企业适应知识经济时代的必然要求。知识经济时代推崇知识,而作为知识的主要提供者,员工是否愿意将自己的知识、思想与组织分享,取决于他们对于组织的认可度,以及他们的个人要求在组织的实现度。柔性管理摒弃权力的影响力,侧重于从每个员工内心深处激发的主动性、内在潜力和创造精神进行管理,因而,柔性管理具有明显的内在驱动性。内在驱动力的产生促使员工对组织更加忠诚,更愿意自发、主动地完成工作,源源不断地为企业提供智力支持。

虽然管理者与员工关系主要体现在工作方面，但员工的个人感情、家庭状况等私人事情也影响着他们投入工作的程度，做一个人性化的管理者，时不时地与员工聊一些个人的情况，与员工进行非工作领域的交流，在制度和薪酬层面适时地考虑到员工的个人需求，是使高素质人才发挥潜能的有效途径。

在你往上爬时，一定要保持梯子的整洁

两名职员正在休息间发牢骚，甲忿忿地说："经理真不是东西，天天想办法整我们，今天看见他鼻青脸肿、一脸狼狈地来上班，真是解气！"

乙颇有谋算地说："果然不出我所料，他终于挨了他老婆的整！"

甲反问："你怎么知道那个家伙是挨了他老婆的整？"

乙得意地说："因为每次受了他无端的指责，我就寄张女人的照片给他老婆。"

员工并不是逆来顺受的工具，如果领导者不得人心总是触犯他们的利益，员工也会"以其人之道，还治其人之身"。

在你往上爬的时候，一定要保持梯子的整洁，否则你下来时可能会滑倒。这是由美国管理学家蓝斯登提出的一条管理定律。蓝斯登定律与佛家的因果报应如出一辙，启示管理者在身处职场时，应

该恪守宽容大度的原则，以仁心仁德为处事理念，否则，如果管理者今日频频做出伤害他人利益的举动，很可能日后要为其买单，付出惨重的代价。

比如，有的领导者身处高位，常常担心长江后浪推前浪，某一天自己会被更优秀的后来者取而代之。因此，为了能够长期拥有职权，对于有潜质的新人便采取压制打击的手段，不但不把重要的工作分配给下属，而且还常常拿着属下的工作成绩到上级面前为自己邀功。然而，"江山代有人才出"是人才发展的必然规律，有潜质的新人不堪压制便转而到其他公司寻求更大的发展空间。"三十年河东，三十年河西"的命运常常左右着人世的沉浮，很可能曾经的管理者日后沦为一个求职者而与旧下属在职场狭路相逢，此时旧下属对于他的人事任免起着决定性的作用；也可能管理者在企业合作过程中与旧下属不期而遇，此时旧下属以合作企业代表的身份亮相，而此合作伙伴又是旧领导最重要的战略选择。按照"因果循环"的逻辑，旧领导过往的所作所为自然不利于他日后的所愿。

当一个人身处高位的时候，成为权势人物的倨傲感常常易于使其做出一些不利于他人的事情，尤其当面对下属时，他们喜欢把权势人物的特权发挥得淋漓尽致，动不动就责骂下属，甚至指使下属为他做一些私人的事情，更不为下属提供充分的发展空间等。然而，如果以为操纵着权力便可以不尊重下属的人格，做出一些有违仁义理念的事情，这等于无形中为自己的未来埋下了许多颗"定时炸弹"，很可能在今后的职场生涯中，原来的出格的举动要一一得到偿付，使管理者受到出其不意的打击。

Part

04

不会带人，你就自己受累

带队伍背后的行为心理学

成就高效团队的基础：信任

三只兔子来到了一家饭馆，它们点了三份胡萝卜沙拉。当侍者把美味的食物端上来的时候，兔子们发现它们都没有带钱。

最大的兔子说："我是你们的老大，取钱的事不应该是我做的。"

稍微小一点的兔子说："我认为派小兔子去取钱最合适！"

最小的兔子说："我可以回去取钱，但是你们谁也不能动我的胡萝卜沙拉！"其他的两只兔子连声保证，绝对不碰它的沙拉。于是，小兔子走了。

小兔子走后，大兔子和中兔子很快就把自己的那份沙拉吃完了。它们等了很长的时间，小兔子一直没有回来。于是大、中兔子商量："我们还是把小兔子的那份也吃了吧。"

正当它们准备开吃时，小兔子从隔壁跳了出来："哼！

如果你们敢动我的沙拉,我就不回去取钱!"

团队合作的基础是信任,如果团队成员之间失去了信任,尤其当成员彼此之间存在着较强的利益关联时,有效的团队合作只是一句空谈。

信任,即对个人或事件的诚实、长处、能力和担保等发自内心的信赖。

信任具有三个特征:第一,信任者承担着一定的风险,信任者要承受被信任者失信的损失;第二,被信任者的行为不在信任者的控制之内;第三,如果某一方违约,将会获取短期的利益。

在团队合作中,团队成员彼此之间的关系和信任程度,是影响工作绩效的一个关键因素。信任虽然是一种是心理契约,但如果团队成员彼此之间缺失了信任,团队合作的实现便失去了秩序保障。

信任的建立需要时间的积累,一个成员能否获得他人的信任往往取决于其过往的行为,如果他过去总是信守承诺、言出必行,具有较高的人格指标,便容易在团队中获得信任。

因此,团队成员之间实现充分的信任并不是一蹴而就的事情。除了时间的因素外,沟通存在着障碍、信息出现隔膜也会使信任名存实亡。对如何在团队里建立信任,有如下四个参考意见:

(1)团队已具备了坦率解决问题的环境,大家开诚布公地沟通见解,哪怕沟通会给自己带来麻烦;

(2)团队成员乐于分享各自的信息。成员勇于向其他成员说

出自己的想法,尤其是自己不赞成的想法(保留自己的观点和想法是产生不信任感的源头);

(3)团队成员能够诚实地遵从内心的想法说"不",没有原则地唯唯诺诺,是产生不信任感的导火索;

(4)团队里的每个成员都信守承诺,如果某个成员确实无法保证承诺的实现,应及时告知其他成员。

多头领导,会破坏团队的运行秩序

飞驰的列车上,两位贵妇人争论不休。

"把窗打开,我会冻死的。"一位贵妇人说。

"把窗关上,我会闷死的。"另一位贵妇人说。

列车服务员不知道怎么办才好,他向旁边的一位将军求助:"您认为应该怎么办?如果这是一个军事问题。"

将军从容不迫地回答:"遇上这种问题,我们通常采取各个击破的方法:先打开窗,冻死一个;然后关上窗,闷死一个。这样就什么问题也没有了。"

如果团队中出现了不同的意见,尤其各种意见差异较大时,常常会使其他的成员无所适从。

手表定律,又称"两只手表定律"或"矛盾选择定律",内容为:

一个人只有一只手表时，可以知道现在是几点钟，当他同时拥有两只表时，却无法知道准确时间。两只手表并不能告诉一个人更准确的时间，反而会让看表的人失去对准确时间的判断。

在团队中，如果成员的职能角色均衡的话，同时又有多个成员喜欢统驭全体成员的意志，便会出现与手表定律内容相符的现象。比如，在提出关于某个问题的解决方案时，几个成员提出了若干方案，不同方案的提出者又不能很好地说服对方，便会导致团队的工作停滞不前，其他的成员不知道该何去何从。

为了避免多头领导对团队工作进程的影响，管理者在成立一个项目合作小组时，除了要安排成员的具体职能外，还应该委派某个成员担任领导的角色，允许其对团队工作进行决策，要求其他的成员服从领导人的命令。在委派领导人时，管理者审慎地选择合适的人选，如果管理者所指派的领导人无法服众，也依然会发生手表定律所阐述的现象。

领导人的选择至少应该参考如下三个标准：

（1）与其他团队成员相比，他的职能角色较为重要；

（2）善于平衡各种人际关系；

（3）在整个项目小组成员中具有较高的威信，能够很好地说服其他成员。

如果责任不明确，就一定会有人偷懒

　　董事长问新来的总经理："每次开会的时候大家都心不在焉，有什么办法改变这种局面？"
　　总经理："这好办，不让秘书参加会议，开完会后再宣布此次会议由谁做记录。"

置身于团队中，团队成员能不能全力以赴，取决于组织成员被要求承担什么样的责任。

1964年3月13日夜晚3时20分，在美国纽约郊外某公寓前，一位叫朱诺比白的年轻女子在归家的途中，遇到了意欲行凶之人，她绝望地喊叫："有人要杀人啦！救命！救命！"顿时，附近住户纷纷亮起了灯，打开了窗户，凶手被吓跑了。当一切恢复平静后，凶手又来到了朱诺比白的跟前，女子再次喊叫，附近的住户又亮起了灯，凶手仓皇逃跑。就在朱诺比白以为逃过了一劫，坦然地回到自己的公寓上楼时，凶手再次突然出现，朱诺比白拼命地叫喊，她的邻居中至少有38人到窗前观看，但没有一个人见义勇为，结果朱诺比白死在了楼梯上。心理学家对这一社会案件进行了仔细的研究，将这种众多在自家的旁观者见死不救的现象称为"旁观者效应"。

旁观者效应又称责任分散效应，是指对某一件事来说，如果是单个个体被要求单独完成任务，责任感就会很强，会做出积极的反应；但如果是要求一个群体共同完成任务，群体中的每个个体的责任感就会很弱，面对困难或遇到责任时往往采取退缩的态度。当看到朱诺比白身处险境的时候，每一个邻居都认为即使自己不出手相救，肯定会有其他人挺身而出，结果所有的人都只是倚窗相望，导致朱诺比白死于凶犯手中。换一种情境，如果旁观者只有一个的话，朱诺比白获救的概率会大一些，因为如果只有他一个人能提供帮助，他会清醒地意识到自己的责任，从而对受难者给予帮助。如果见死不救，他会产生罪恶感、内疚感，这需要付出很高的心理代价。

责任分散效应对团队合作有很大的启示意义，如果管理者没有为团队成员规定明确的责任，很多成员都会怀着"我不做，有人做"的心理。他们只想成为团队中的"免费乘车者"，束手不做却意欲享受团队的荣誉，从而导致团队合作出现相互推诿的现象，团队绩效远远不如单个成员工作绩效的相加值。为了规避这种心理效应对于团队绩效的损害，管理者在将一个具体的工作项目分配给团队成员时便要合理分工，明确告诉每个成员他们各自所需承担的责任，使其各司其职，集结成合力实现团队绩效。

若不能彼此合作，人多未必力量大

一个差役绰号"飞毛腿"，他被派去寄送一份紧急文件，官员唯恐差役因为速度慢而延误了政情的传递，便拨给了他一匹快马。一路上，差役并没有骑在马背上，而是紧跟着快马疾跑，累得气喘吁吁。路人不解，问他："你为什么不骑上快马呢？"他一边跑着一边说："六只脚跑，难道不比四只脚更快些吗？"

团队成员数目的增加并不意味着工作效率的提高，只有使团队成员进行合理的分工与协作，才能发挥出团队效应。

团队是一种人员组合的方式，成员彼此拥有互补的技能，他们为着共同的目的，一起努力实现现实的目标。不过，团队合作并非遵照人员"多多益善"的原则，人员的增多与过于优质化，并不一定能提升团队的绩效。如果团队要实现规模效应，人员之间就要进行有效的分工与合作。有效的团队往往是由跨功能、不同背景、不同部门的人员组成的协作体，他们通过相互补充、互相激发各自的潜力而完成特定的任务。在这个过程中，分工与合作是团队实现"1+1>2"组织效能的关键前提。

遵照这种逻辑，英国前自由党领袖 D·史提尔提出了史提尔定律：

"合作是一切团体繁荣的根本。"

合作首先能将一个庞大的项目简单化、专业化、步骤化和标准化，然后团队成员奉献各自的力量以互补的方式实现共同的目标。因此，这就要求团队成员具备多种角色：有的成员是团队核心人物，他们发挥监督和控制的职能；有的成员性格外向，他们负责外联工作；有的成员善于执行，默默地完成分内的工作；有的成员虽不注重细节，但他们思想活跃，为团队带来新的创意和理念。

GE公司前执行总裁杰克·韦尔奇曾经提出过一个"运动团队"的概念，其中很重要的一点，就是团队的每一个成员都干着与别的成员不同的事情，管理者要区别对待每一个成员，通过精心设计任务的指标，使每一个成员的个性特长都能够得到完全的发挥。

团队合作强调性格与能力互补，如果团队成员都是强兵良将，反而可能使团队绩效折损在团队不断的内耗和恶性冲突中。

2004年6月，在NBA总决赛中，湖人队挑战底特律活塞队，在开战前，舆论都一致认为活塞队必败无疑。因为湖人队拥有NBA历史上最豪华阵容，科比、奥尼尔、马龙、佩顿的加入使湖人队成为毋庸置疑的"超人团队"，几乎每一个位置上的成员都是全联盟最优秀的，而活塞队只不过是一支缺乏大牌明星的平民球队。

然而，比赛的结果出人意料，湖人几乎没有做多少抵抗便以1∶4的总比分败给活塞队。原来，科比与奥尼尔相互敌对，他们都认为自己才是球队的领袖，在场地上各自为政，全然没有配合；另外两位明星球员马龙和佩顿只是为总冠军戒指而来，他们根本就不能融入整个团队，无法发挥自己全部的才能。

精英人物喜欢争锋，将他们集合在同一个团队中，由于不断的内耗和冲突，反而使团队变得平庸化。因此，在每一个工作岗位上都安排最优秀的员工并不是团队组建良策，注重成员的层次化和性格互补，才能打造出一支高效的团队。

优化工作流程，能发挥团队的力量

杰瑞和汤姆开着车经过市区，他们在马路上停了下来。杰瑞先从车上下来，在路边挖了一坑，然后回到车内，接着汤姆从车里出来，用铁锹又把坑填平了。汤姆回到车内后，他们开着车在马路边上又前行了一段，杰瑞又从车上下来，在路边挖了一个坑，汤姆继续把坑填平。就这样，他们忙碌了一个上午。

有一个路人看到杰瑞和汤姆的工作感到很奇怪，他不禁问道："你们在做什么？"杰瑞回答说："我们正在种树啊，可是今天负责栽树的那个人没有来！"

要使团队工作保持较高的工作效率，最关键的是要解决工作链上的脱节和延迟，否则，不仅影响了工作效率，还会导致团队工作的无效化。

蚂蚁世界的运行模式一直受人类学与社会学的学者所关注，他们发现蚂蚁在工作中很讲究流程，它们对流程的认识是直接指向工作效率的。比如，两只蚂蚁在外面发现食物后，它们会分别按两条线路回到巢穴，它们一边走一边释放出蚂蚁族类自己才能识别的激素做记号，先回到巢穴的蚂蚁所释放的激素气味更重，这样其他的蚂蚁便会走最近的路线去搬运食物。

上述现象便是"蚁群效应"。蚂蚁有严格的分工和由此形成的组织框架，但它们的分工和组织框架在具体的工作情景中具有很大的弹性，观察蚂蚁常会发现这样的情况：一只蚂蚁正在把食物运往巢穴，当它遇到下一只蚂蚁时，会把食物交给他，自己再回头寻找新的食物；同样，一只正外出的蚂蚁遇到上游的蚂蚁时，也会把食物接过来，返回巢穴，直到遇到下游的蚂蚁。蚂蚁们在哪一个位置接手并不一定，唯一固定的是起始地和目的地。蚂蚁们在工作场合的自我组织能力很强，它们几乎不需要任何监督就可以形成一个很好的团队，有条不紊的保证蚁群的日常运行。

由此可见，蚁群效应有三个最重要的特征：

（1）弹性。它们能够根据环境变化迅速进行调整，并不总是依赖既有的组织分工和组织框架。

（2）强韧。即使蚁群的单个个体力量比较弱小，或是无法发挥自己的作用，也不会影响整体的运作效率。

（3）自组织。蚁群不需要太多的自上而下的控制或管理，它们通过自己管理自己的方式完成工作。

蚁群效应对企业的组织结构和团队合作有很大的借鉴意义，一家大型零售连锁店便将蚁群效应运用在了物流仓储中心的工作流程中。在以前的工作模式中，仓储中心用区域方式验货，如果上一手没有完成工作，下一手只能徒然等着，由于每个人的工作速度不同，而仓储中心商品品种众多，所以这种工作模式导致总是有人在等着别人完成工作后才便于接手。

连锁店运用了蚁群模式后，工作方式变成：一个人不断地捡出商品，直到下游来接手后再去接手上游的工作。而且为了提高工作链的整体效率，连锁店把速度最快的员工放在最末端，速度最慢的放在最上游。结果，运用蚂蚁模式后，连锁店的生产效率提高了30%。

当团队取得成就时，要及时庆功

犹太教规定，信徒在安息日什么事情也不能做，甚至按电梯按钮的举动也被视为违反教规。可是一位长老很爱打高尔夫球，在某个安息日他实在是手痒难耐，便决定偷偷地去球场打九个洞。

长老偷偷摸摸地来到了球场，场地上一个人也没有，他不禁暗暗高兴，幸好没有人会知道他偷偷来球场。天使发现长老不守教义，便去向上帝告状，上帝说他一定要好好惩罚这位长老。

长老打完了前四个洞，他的成绩空前的好，几乎洞洞是标准杆进洞，长老心里乐开了花。天使觉得这很不公平，便再次去找上帝，上帝说知道了。直到打完九个洞，长老又几乎是洞洞标准杆进，他认为应该乘胜追击，便决定再打九个洞。天使不解地问："难道您就这样惩罚他吗？"上帝只是笑了笑。

打完十八个洞，几乎全是标准杆进洞，长老简直乐死了，他喜滋滋地收拾球具回家了。天使很生气地问上帝："这就是你所说的惩罚吗？"上帝笑笑说："你想想，他能去和谁说？"

取得成就，却无法与人分享快乐，这对于当事人而言，无异于虽身穿锦衣，却不得不栖身于暗室。

很多人都有这样的经历，当自己取得了某个成就时，总是迫不及待地想把获得成就的快乐分享给亲人、朋友以及关心自己的人，在分享的过程中，快乐从个人波及更多的人，个人所感受到的快乐也更加浓郁。尤其当这种快乐传达给自己的父母、长辈和领导时，个人对于快乐的感觉将更加强烈。成就是个人得到认可的最直接证明，他们往往不只在乎自我认知，更在乎自己所敬重的人如何看待自己，因此他们乐于分享成就所带来的快乐。

个人如此，团队亦然。一个团队经过长时间的艰苦工作后，他们的工作成果得到了客户的高度认可，他们也愿意把这种快乐分享给管理者，希望管理者能为他们的成就而高兴。因此，管理者就不应该忽略庆功的重要性，至少不应该对团队的工作成果表现得若无其事。如果管理者对于团队的成就没有任何表示，团队成员便会认为，在管理者的意识里，他们的工作成果不过如此，根本就不值得说些什么。当然，这种态度只会打击团队成员的工作积极性，降低他们继续奋斗的热情，甚至认为组织是否值得他们如此拼搏。

管理者为团队所取得的成就庆功，不在于形式的宏大，并不要求管理者为此投以重金，如果管理者能组织团队成员进行一次集体旅游或者进行一次丰盛的团队聚餐，当然那是再好不过了。但庆功并不只局限于这种形式，庆功的目的是为了显示管理者分享成功的快乐之情，表达管理者对于团队的鼓励和认可。因此，一些低成本的方式也能取得不错的激励效果，比如，在员工会议上对团队成员的工作提出表扬，管理者真诚地对所有团队成员表示祝贺等。

在团队中，每个人都有从众倾向

一个石油大亨向天堂走去，当他到达天堂门口的时候，圣·彼得对他说："虽然你有资格住进来，但是为石油大亨们保留的大院已经满员了，已经没有地方让你住进去了。"

石油大亨想了一会儿,他请求圣·彼得让自己对大院的居住者说一句话,圣·彼得答应了。这位石油大亨在天堂的门口张开嘴大声喊道:"在地狱里发现石油了!"大院内的石油大亨们听到这个消息后蜂拥而出,争着向地狱奔去。

圣·彼得看到这一幕非常惊讶,同时也很佩服这位石油大亨的智商,随之请大亨进入大院。然而,大亨并没有进去,他迟疑了一下,说:"不,我应该跟着那些人,也许地狱里真有石油呢!"说完,他便向着地狱的方向飞奔而去。

谣言本来应该止于智者,但是三人成虎,当众人都相信某个谣言为事实的时候,所谓的智者也会放弃自己的理性,选择和众人一样的想法与举动。

1952年,美国心理学家所罗门·阿希设计了一个实验,他请大学生们做自己实验的被测对象,并告诉他们这个实验的目的是为了研究人的视觉状况。当某个参加实验的大学生走进实验室的时候,阿希已事先安排了5个人坐在那里,但被试者并不知道这5个人已事先与阿希串通好。阿希在实验中拿出了一张画有一条竖线的卡片,让大家比较这条线与另一张卡片上的3条线段中的哪一条等长,判断共进行18次。事实上这些线段的长短差异很明显,正常人很容易做出判断。但是经过两次正常判断后,5个假试者异口同声说出了一个错误答案,很多的真正测试对象都迷惑了。实验结果表明,平均有33%的人的判断是从众的，有76%的人至少做了一次从众的判断；而在正常的情况下，人们判断错的可能性还不到1%。这种现象便是"从众效应"，是指个体受到群体的影响的时候，很容易怀疑并改变自己的观点、判断和行为，而选择与大多数人一样的观点和举动，以便和他人保持一致。

为了避免在团体中被孤立，以及尽可能减少决策风险，每个人都有不同程度的从众倾向，倾向于与团队中大多数人的想法和态度一致。一般而言，某一种想法和行为拥有越多的选民，原本的非选民也越容易加入庞大的选民阵营，拥护大多数人的意志。除了减少决策风险外，压力也是产生从众行为的关键因素，在一个团体中，如果某一个人做出了与众不同的行为，便会被视为团队的背叛者，甚至受到来自其他成员的严厉惩罚。美国霍桑工厂的实验就深刻说明这一点：工人们为自己每天的工作量制定了严格的标准，完成既定的工作量后，他们便会松弛下来。因为如果他们中的某一个努力地工作，就可能造成其他同伴的失业，或者使管理者制定出更高的生产定额来。于是每一个工人都根据其他人的工作表现制定自己的工作量，既不会太高也不会太低，而使自己处于中庸的水平。

在公司内部，从众效应间接促成了非正式组织的兴起。非正式组织是"正式组织"的对称面，它的形成多以感情、喜好等情绪为基础，是人们在共同的工作过程中自然形成的松散的、没有正式规定的群体，如公司内部由同乡、同学、棋友、牌友、球友等形成的小圈子。非正式组织是公司内部不可避免的情感产物，它的出现对于公司内部的合作与效能的提高到底是有利还是有弊，关键在于管理者如何通过与非正式组织的合作来趋利避害。

一般而言，非正式组织中都会有一个民选的领袖人物，他们在团队中享有很高的威望和影响力，有时他们的实际影响力甚至远远超过那些正式组织任命的管理者。"擒贼先擒王"，管理者首先应谋求与这些领袖人物的合作，对他们给予一定的重视，与他们保持积极的沟通。如果某个非正式组织领袖或成员抱着极端的个人主义，违背组织原则，严重阻碍组织的发展，甚至损害组织和组织内其他成员的利益，管理者便不要姑息养奸，在进行说服改造无效的情况下，要坚决予以开除，使其接受应有的惩罚。这样做的目的，不仅是为组织除去隐患，还可以起到杀一儆百的作用，使怀着同样目的的人不敢再铤而走险。

此外，管理者还应积极开辟正式沟通渠道，因为由于非正式沟通的不规范性和不权威性，经常会引起信息的失真。当面对危机时，管理者首先应致力于迅速在组织内部建立起权威的、正式的信息沟通渠道，以便把非正式沟通给企业所带来的损失减小到最低程度。

勾心斗角的竞争，会损害团队的利益

三只老鼠一起去偷油喝，它们到了油缸边一看，缸底只剩下一点点油了，缸身这么高，它们根本就喝不到油。于是它们想出了一个办法：一个咬着另一个的尾巴，吊下去喝，第一只喝饱了，上来，再吊第二只下去喝……并且发誓，谁也不能有、也不许存半点私心。第一只老鼠最先吊下去喝，它在下面想："油只有这么一点点，今天总算我幸运，可以喝个饱。"第二只老鼠在中间想："下面的油是有限的，假如让它喝完了，我还有什么可喝的呢？还是放了它，自己跳下去喝吧！"第三只老鼠在上面想："油很少，等它俩喝饱，还有我的份吗？不如早点放了它们，自己跳下去喝吧！"于是，第二只放了第一只的尾巴，第三只放了第二只的尾巴，都争相跳到油缸里抢油吃。结果它们纷纷跌落在油缸里，怎么也出不来了。

合作与竞争关系共存于组织，竞争的存在，也常常导致组织人员为了追逐私利而放弃组织目标。

把一只螃蟹放到不深的水池里，单个螃蟹可能凭着自己的本事爬出来。但如果同时放入好几只螃蟹，它们便会叠罗汉，一个趴在池底，一个在它的上边，底下的螃蟹不愿意成为居于最下边的那个，便开始拼命拉上面螃蟹的腿，结果哪只螃蟹也出不去——这种为了私利而相互倾轧的现象便是"螃蟹效应"。

内部资源的有限性、利益的自私性是发生螃蟹效应的根本原因，螃蟹效应在企业中最直接的体现便是办公室政治，员工与老板之间、员工与员工之间专注于个人的私利，彼此为了各自的利益而明争暗斗，甚至以倾轧或背后算计的方式追求个人私利的最大化。

企业发生螃蟹效应的原因有四种：

（1）企业内存在着一些道德小人，他们为了在企业内得到提拔不惜党同伐异，对于潜在竞争者和威胁自己目前地位的人不惜进行排挤和打压，甚至使用一些背后伤人的伎俩；

（2）"不患寡而患不均"的平均主义意识作祟，平庸人嫉妒贤能者，为了使他们失去相对优势而釜底抽薪；

（3）企业没有建立完善的激励机制和企业文化，一些贤能者在组织中被同化而泯灭了进取意识；

（4）企业内已形成了墨守成规的文化，他们为了维护现状而阻碍改革的推行。

螃蟹效应是一种狭隘的价值观，植根于员工的个人意识。企业只有从企业文化入手，通过文化的熏染重塑员工的价值观，才能尽量避免螃蟹效应的发生，使企业焕发出蓬勃的战斗力。为此，企业应该着力于以下四项改革：

（1）塑造团结协作的企业文化；

（2）建立公平、公正、公开的管理制度；

（3）建立科学、合理、高效的绩效考核制度；

（4）建立完善的人才选拔、任免制度；

（5）强化公司的执行力。

精简机构，不仅仅能提高效率

甲："你们单位精简机构的工作进行得怎么样了？"

乙："挺不错的。"

甲："你们具体是如何落实精简工作的？"

乙："为了把'精简'工作做好，我们领导与各部门研究后正式成立了"精简办公室"和"精简验收办公室"，还专门办了一份《精简简报》。"

"以精简为名，行不精简之事"，长此以往，企业终究会滞涨为一个行动不便的组织巨人，机构臃肿，效率低下，管理者难以使自己的工作高效化。

奥卡姆剃刀定律，由14世纪逻辑学家、圣方济各会修士奥卡姆·威廉提出，他说："切勿浪费较多东西去做用较少的东西同样可以做好的事情。"奥卡姆剃刀定律最核心的观点为：如无必要，勿增实体。

对于现代企业而言，在追求规模化发展的路上，企业的组织机构越来越膨胀，各种制度越来越烦琐，文件工作越来越繁复——与日俱增的复杂性换来的却是效率越来越低的后果。置身于这种复杂的管理环境中，由于经常发生目标曲解与置换现象，自然造成管理者与组织成员将大量的时间浪费在琐碎的冗繁事务中。

下面三种措施可以帮助管理者避免无端的时间、人力和金钱的浪费：

（1）精兵简政，简化企业的组织结构

组织结构扁平化与组织结构非层级化已经成为企业组织变革的

基本趋势。当应用新型的组织结构后，传统的企业组织结构中严格的等级制度湮灭不存，组织中上下级有序的传统规则被淡化，员工之间享有平等的分工合作关系，基层员工也被赋予了更多的权力，他们也能够涉足部门目标乃至组织目标的制定，组织内的信息不再是上下级之间的单向传递，而是一种网络化的即时式双向沟通。在这种组织中，顾客的需要成为员工行动的向导，人们的行为具有明确的目标导向。同时，由于员工的积极参与，最大限度地消除了组织目标与个人目标之间的矛盾。

（2）关注组织的核心价值，始终将组织资源集中于最擅长的事情

面对众多可选择的业务领域，组织需要从中筛选出最重要的、拥有核心竞争能力的业务，在自己最具竞争优势的领域确定组织的目标。唯有这样，才能确保组织集中精力专注于自己最擅长的事情，以最低的成本获得尽可能丰厚的利润。反之，如果组织涉猎太多的目标，往往会使经营者难以同时兼顾太多的业务，从而难以建立自己的核心竞争力。

（3）简化流程，避免不必要的文书作业

相对于复杂的信息而言，简单的信息更有利于人们的思考与决策。一个优秀企业的主要特征就是：他们知道如何保持事情的简单化，不管多复杂的事情都能将其变得简单易行。

Part

05

完成比难更难的事

执行力背后的行为心理学

违纪行为若没有得到及时惩处，就会蔓延

当查票员来了，威尔逊先生才发觉自己忘记带月票了，他对查票员说："我不是故意逃票的，你看，我这张诚实的脸就是车票了。"

"请你把脸伸过来吧，我的职责是在车票上打个孔。"

如果威尔逊先生第一次逃票的行为得到了查票员的通融，威尔逊很可能在以后乘车的过程中总是忘带月票，甚至导致其他乘客同样忘带月票，这种现象可以从"破窗效应"理论中得到合理的解释。

美国斯坦福大学心理学家菲利普·辛巴杜在1969年进行了一项实验，他把两辆一模一样的汽车停在了不同的两个社区，其中，一个社区是加州帕洛阿尔托的中产阶级区，另一个则是治安相对不太好的纽约布朗克斯区。停在布朗克斯的那辆，他特意摘掉了车牌，打开了顶棚，结果一天不到，汽车就被偷走了。而停在帕洛阿尔托的那一辆，一个星期后仍然完好如初。后来，辛巴杜用锤子把那辆车的玻璃敲了个大洞，结果仅仅过了几个小时，汽车就无踪无影了。

根据这个实验的发现，政治学家威尔逊和犯罪学家凯琳提出了"破窗效应"理论，认为：如果有人打坏了一幢建筑物的窗户玻璃，而破损的窗户又得不到及时的维修，别人就可能受到某些暗示性的纵容去打烂更多的窗户。久而久之，这些破窗户就给人造成一种无序的感觉。结果在这种公众麻木不仁的氛围中，犯罪就会慢慢地滋生，难以得到遏制。

破窗效应其实是"千里之堤，溃于蚁穴"哲理的另一种阐述。如果公司对第一个迟到的员工没有给予任何惩处，其他员工不想按规定时间上班的心理便得到了纵容，这会导致公司的考勤制度等同虚设，员工逐渐对迟到持以理所当然的态度，结果便会有越来越多的员工不会在规定的时间坐在自己的工位上。长此以往，员工也会渐渐地对公司其他的管理制度熟视无睹，使管理者难以对员工行为进行纠错，彻底把组织推向了无序的境地。

制度化管理以执行为前提，即使对于员工那些个别的、轻微的小错误，管理者也不能掉以轻心，只要行为触犯了公司的核心价值，管理者便应该根据制度的条例依法处理。如果管理者没有杜绝最初的小错误、小过失，最终导致违反制度的行为如"星星之火"，在企业中成"燎原之势"，将为企业带来无法弥补的损失。

在日本企业界，有一种叫作"红牌作战"的质量管理活动。日本企业中那些有油污、不清洁的设备都会被贴上具有警示意义的"红牌"，如果办公室和车间卫生欠佳，也会被贴上"红牌"，警示全体员工及时进行改善，以维护一个整洁有序的工作环境。这种活动经过推广后，确实对于保证企业的产品质量起到了非常重要的作用。

运用热炉法则，维护制度的威严

某人到一个地方去办事，停车的时候才发现没有停车位，于是他只好把车停在了马路边。他特意在雨刷下留了一张纸条，上面写着："我是来办事的。"

他办完事回来的时候，雨刷下多了一张罚单，而且在他原来的纸条上附加了一行批注："我也是来办事的。"

理由的合理性并不能抗衡制度的权威性，触犯制度者必将受到相应的惩处。

热炉法则是由西方管理学家提出的惩罚原则，它的观点为："有人在工作中违反了规章制度，就像去碰触一个烧红的火炉，一定要让他受到"烫"的处罚，即规章制度面前人人平等。"

热炉法则强调如下四个惩处法则：

（1）预警性原则

热炉通红，不用手去摸就知道炉子是热的，是会烫伤人的。公司的管理制度要明确地告诉每一个员工，使之有一个明确的行为取向。

（2）必然性原则

每当有人触摸到热炉时，无论采取什么方式触摸，都肯定会被灼伤。公司内只要发生违反制度的行为，相应的惩罚就尾随而至。

（3）即刻性原则

当有人碰到火炉时，立即就会被烫，对于任何人而言，没有一点时间缓冲的余地。公司的管理制度应适用于任何人，而且违反制度的行为与处罚之间间隔的时间不宜太长，否则，起不到好的惩戒、教育作用。

（4）公平性原则

"热炉"没有任何"弹性"，无论什么人，无论何时何地，只要触摸了"热炉"，都会被灼伤。"王子犯法与民同罪"，在公司管理制度面前，人人平等，尤其是管理者对于自己倡导的制度更应该身体力行。

制度的存在并不是为了执行惩处，而是约束与公司价值观相左的行为，将企业文化确确实实地内化为员工实际的行为。海尔集团规定所有员工都必须靠右行，在离开座位时则需将椅子推进桌洞里，任何人违反这一规定都将被课以罚款。奥克斯集团明令规定开会时不允许有手机铃声，如果违反的话，铃声每响一次罚款 50 元。

热炉法则强调违反制度所付出的代价，当员工为违反制度所支付的代价远远超过成本时，自会渐渐地减少挑战公司制度的行为，并将遵守制度视为自觉的行动。

制度会产生路径依赖，不要抱残守缺

由于受到经济危机影响，几个德裔犹太人（犹太人中法律观念最强的）的家产瞬间变成泡沫，他们居无定所，只好把一个报废的火车车厢当作临时住所。

一天晚上，这几个德裔犹太人在寒风中颤抖地推着车厢。一个德国人看到这一幕，不解地问："你们为什么要推车厢呢？"

"因为有人要上厕所，"冻得瑟瑟发抖的犹太人说："车厢里写着'停车时禁止使用厕所'，所以我们只好不停地推动车厢。"

虽然制度最初是外在的强加的约束，但经过时间的积累，制度便渐渐成为内化的约束，促使人们不自觉地维护制度，哪怕此时不具备应用制度的前提条件。

道格拉斯·诺思是美国的经济学家，他是第一个提出制度的"路径依赖"理论的学者，由于用"路径依赖"理论成功地诠释了经济制度的演进规律，他获得了1993年的"诺贝尔经济学奖"。

诺思认为，路径依赖类似于物理学中的"惯性"，一旦进入某一路径（无论是"好"的还是"坏"的）就可能对这种路径产生依赖。

某一路径的既定方向会在以后的发展中得到自我强化，人们过去做出的选择往往决定了他们现在及未来可能的选择。在企业的制度和文化层面，好的路径会对企业起到正反馈的作用，通过惯性和冲力，产生飞轮效应，企业发展渐渐进入良性循环；不好的路径会对企业起到负反馈的作用，就如同厄运循环，企业可能长期处于某种无效率的状态下，由于无法及时地解决问题而最终导致企业停止发展。

关于"路径依赖"有一个有名的实验：

实验人员将 5 只猴子放在一个笼子里，笼子的中间吊着一串香蕉，当猴子伸手去拿香蕉时，便会有高压水浇在所有猴子的身上，直到所有的猴子再也不敢去拿香蕉。

一段时间后，实验人员用一只新猴子替换出笼子里的一只老猴子，新猴子兴奋地伸手去拿香蕉，其他四只老猴子担心受到惩罚，便把新来的猴子暴打一顿，直到新猴子服从"不得拿香蕉"的规矩。

实验人员继续逐个用新猴子替换曾经受到高压水惩罚的老猴子，最后笼子里的猴子都是不曾受过高压水惩戒的猴子，但是他们谁也不敢去碰香蕉。

虽然后来高压水不再对猴子实施惩戒，但新来的猴子却始终固守着"不许拿香蕉"的制度，这就是路径依赖的自我强化效应。

企业的文化和制度也遵从路径依赖原理，一旦它们在员工群体中产生了深入人心的力量，员工便会在以后的工作中维护和强化这种约束，直至企业的所有员工都奉行同样的准则。

路径依赖原理对管理者的启示有两点：其一，在订立制度初始，尽量确保制度的无懈可击；其二，当制度发挥效用的前提条件不成立时，也就是环境的变化使制度成为企业发展的阻碍时，管理者一定不要抱残守缺，而是要对制度作出有针对性的修改。

号令不明，会削弱制度的执行力

在高速公路上，警察拦下了一辆小货车，因为他发现驾驶员的旁边坐着一只猪。

"你怎么能让猪坐在副驾驶的位置上呢？"警察惊诧地问。

"难道不可以吗？"驾驶员困惑地问道。

"当然不可以，你这样做，是要罚款的！"

"请你通融一下吧，我真的不知道有这样的规定。"驾驶员以近似于哀求的语气说道。

"你要去哪里？"警察话锋一转。

"上海。"

"好吧，这次我不罚你，不过你到了上海以后，必须马上把这只猪带到动物园去。"

"是，警察。你放心吧！"司机对于警察的要求连声答应。

两周后，这位警察再次在高速公路上拦下了那个司机，因为仍有一只猪坐在他的旁边。

"两周前，我不是告诉你到了上海之后把这只猪带到动物园吗？"警察生气地责问。

"是啊，我确实把它带到动物园了，我们玩得很开心，所以我这次准备带它去苏州园林。"

角色与职责的不同使驾驶员对警察的指令产生了错误的理解，导致驾驶员的行为结果与警察的命令要求背道而驰。如果警察的表述更清晰一些，或许驾驶员的那只猪便不会与警察再次相逢。

有的管理者在发布命令时，由于命令旨意模糊，传达的信息常常使员工产生误解，以致员工对制度履行的结果与管理者的初衷严重不符。

比如，员工 A 在与合作公司进行合作谈判时，由于遗忘了最重要的合同文件，结果被竞争公司捷足先登，公司前期所做的努力前功尽弃。针对员工 A 在工作中的失误，管理者对员工说："看来你根本不具备担任领导这个项目小组的能力，为了保留面子，你明天到我的办公室自己告诉我怎么善后。"第二天，员工 A 到了管理者的办公室："在我去见合作公司之前，小 D 忘了把合同交给我，他确实有重要失职行为，但小 D 刚刚毕业不久，开除他确实有些伤他的自尊心，不如扣除他这个月的奖金吧！"管理者本来是希望员工 A 能负荆请罪，结果他歪曲了管理者的本意，反而把罪责放在小 D 身上，完全忘了自己身为项目小组主管应负有的责任和义务。

管理者有时候责怪员工蔑视自己的权威，没有完全按照自己指令的内容做事情，其实有时候并不是员工故意违背，而是员工曲解了管理者的号令，结果导致行为与号令的背离。管理者从自身的思维逻辑出发，认为以间接的方式阐述自己的命令，既能保全员工的面子，又能增加员工的自我悟性。但是管理者与员工对制度的理解常常不处于同一个层次，员工看待问题的视野往往异于管理者，他们有时候并不能完全领悟管理者言语背后的内涵，就像在一片浓雾中去找寻管理者言语的真正意义，增加了诸多干扰因素。

号令严明，既能维护制度的权威性，又能节省执行制度的时间成本。因此，管理者所下达的命令应该清晰、易懂，这样员工才能准确无误地去执行指示，提高工作的效率。

制定制度时，要规避人性的弱点

汤姆带着一个大包袱上了电车。

"你的票3美分，行李6美分。"售票员说。

汤姆打开了包袱，说："约翰，出来吧，把你当'包袱'更不划算。"

制度是维护组织秩序、保证组织利益实现的有效工具，制度只有规避了人性的弱点，才不会使人性的弱点找到发挥之机。

某个殖民帝国把流放的犯人运往某个岛屿，押送犯人的任务交给了一些私人船主。最初，政府按照上船时的犯人人数付给船主费用。很多船主们为了牟取暴利，总是争取一次运送尽可能多的犯人，而在运送途中他们又克扣犯人的食物，甚至虐待犯人，导致运送途中犯人的死亡率最高时达94%。

对于这种不人道的做法，该国政府及时改变了付费规则，他们放弃了以前的方式，按照活着到达岛屿的人数付费。结果，船主都变得"仁慈"起来，为了保证尽可能多的犯人活着到达目的地，他们悉心照料犯人，为犯人提供足够多的食物，而且，很多船主还聘请随船的医生，使犯人的死亡率一度降到1%。

追求个人利益的最大化是人的本性，制度对个人追求利益的行为形成约束。但是如果制度没有规避人性的弱点，便会诱使员工以危害组织利益的方式谋取个人利益，使制度无形间成了不良行为的纵容者。比如，一家公司为加班员工提供高额加班费，结果导致员工形成了"磨洋工"心理，故意在工作时间降低工作的效率，以便把工作放到非正常工作时间完成，从而获取不菲的加班费用。

因此，管理者在设立制度时，应该仔细推敲一下，看看制度是否存在纰漏，是否使人性的弱点找到了施展的空间。

高成本的管理方式，需要高度集权和绝对统治

丈夫不论做什么事，总是被妻子埋怨一番。于是丈夫问妻子："那我应该怎么办？"

"要先问我，然后按照我说的去办！"妻子很有权威地说："没问过的绝对不要做！"

"行！"丈夫决定按照妻子的要求来办事。

第二天，妻子下班回家后，看到白天晾晒的衣服全都被大雨淋着，而丈夫只是安安稳稳地坐在沙发上看着报纸。看见妻子回来后，丈夫急不可待地站起来："老婆，你终于回来了，请问我能收衣服吗？"

"将在外君命有所不受"，这是行军打仗的基本准则。然而惯于高度集权的管理者常常难以明白"将在外"的无奈与被动，决策的滞后性导致现场失控，出现了原本能避免的恶劣后果。

在近代历史中，南美洲印加帝国的政治、经济、生活都处于统治者高度而严格的统治下，即使有关小事的决策也需要得到最高当局的裁定。一天，西班牙征服者皮萨罗带领一支168人的分遣队突袭印加，印加帝国虽然拥有20万人的军队，但由于只有得到最高层的指示才可出兵，军队束手待毙、空等指示，结果导致印加帝国

不战而败。

管理学家将印加帝国的灭亡称为"印加效应"——高成本的管理方式需要高度集权和绝对统治，一旦这个前提发生了改变，就会患上一种集体失能症，给组织带来无法预期的不良影响。

有的管理者追求对于组织成员和工作进程的绝对驾驭，喜欢大权独揽，组织内的任何事情都要求得到自己的裁定，完全剥夺了员工自我决策的机会。且不说这种高度集权的管理方式大大减弱了员工的热情，难以使人力资源转化为组织的绩效，它最大的弊端还在于：面对变幻莫测的环境态势和层出不穷的新情况，等级森严的官僚式管理方式常常导致决策滞后，使组织失去了迅速反应的能力，从而影响了组织的正常运行。

"倒金字塔管理法"与高度集权不同，它强调放权的重要性，让身处现场的一线员工自己决定如何处理问题。20世纪70年代末，在石油危机的冲击下，航空公司业务严重萎缩，瑞典的北欧航空公司每年亏损达2000万美元，公司挣扎在倒闭的边缘。此时，北欧航空公司的总裁任命年轻的杨·卡尔松为公司总经理，希望他能带领公司走出阴霾。卡尔松到任伊始，公司生意凋零，员工人心惶惶，卡尔松经过三个月的侦察后，决定大力革新，在公司内部实行一种新的管理方式，他将其称为"Pyramid Upside Down"，即"倒金字塔管理法"。

传统的管理架构一般为正金字塔式，总经理高高地居于最高层，中层管理者夹在中间层，一线的工作人员分布在金字塔的底端，担任着执行者的角色。在倒金字塔管理法中，卡尔松将这个结构翻转了过来，一线工作人员被视为现场的决策者站在塔尖上，总经理则居于塔底，监督着政策的执行。卡尔松之所以逆传统而行之，来自于如下的思维认知：

（1）人人都想知道并感觉到他是别人需要的人；

（2）人人都希望被作为个体来对待；

（3）给予一些人以承担责任的自由可以释放出隐藏在他们体内的能量；

（4）任何不了解情况的人是不能承担责任的；反之，任何了解情况的人是不能回避责任的。

实行倒金字塔管理方法后，卡尔松充分给予一线员工现场决策权，让他们感觉到自己可以对分内负责的事情做出决定，即使不向上级请示，自己也能够处理妥善。在这种层级结构中，卡尔松自己成为政策的监督者，他负责对任务执行情况的监督与推进，保障着公司总目标实现的进度。

作为北欧航空公司的乘客，一位叫作佩提的美国商人曾享受过倒金字塔管理法带来的益处。佩提准备乘坐飞机从斯德哥尔摩到巴黎参加地区会议，然而他到达机场的时候才发现把机票遗落在酒店，此时佩提根本来不及去酒店取回机票，他显得忧心忡忡。这时，北欧航空公司的员工主动为佩提提供帮助，当她得知佩提所住的酒店名称和房间号码后，给了佩提一张纸条就让他先办理了登机手续。其后，这位员工拨打了酒店电话，请求酒店员工把佩提遗落的机票送到机场，由此产生的费用由北欧航空公司支付。就这样，一个挠头的问题得到了妥善的处理。

随着企业走上规模化发展道路，集权方式追求对现场进行事事遥控的理念与环境的多变性已显得格格不入，北欧航空公司由于推行倒金字塔管理法而走向繁荣，卡尔松的开拓性举措为其他管理者提供了有益参考。

哪些权力不可授予给员工

加州的一个小镇发生了一宗银行抢劫案，抢匪刚把赃款藏在一个地方后，就被警长逮捕了。抢匪并不会说英文，为了盘问赃款的下落，警长只好请麦克来当翻译。经过长时间疲劳轰炸式的拷问，抢匪始终不肯说出赃款到底藏在哪里。警长被惹怒了，他咆哮地叫麦克告诉抢匪："再不说，把他毙了！"麦克原原本本地把警长的最后通牒翻译给了抢匪，抢匪有些害怕了，他语无伦次地说："我把钱放在了镇中央的枯井里，你求警长饶我一命。"麦克转过头来，表情严肃地对警长说："警长，这小子有种，他宁死不屈，他叫你毙了他吧。"

愿意授权给员工，有助于管理者从事务性工作中抽身出来，不过，并不是什么权都能授的，权力的可授和不可授之间还应该有个清晰的界限，如果把不可授之权授予员工，很可能会对组织或管理者本人产生不利影响。

美国总统亚伯拉罕·林肯曾说："你可以在某些时候给所有人授权，在所有时候给某些人授权，但是你不能在所有的时候给所有人授权。"高度集权固然无助于管理者用人所长，但是过度放权，也可能使管理者渐渐失去对于组织的控制，乃至使某些权力沦为员工个人谋取私利的工具，损害了组织的利益。

关于什么权不能授，下面三个事项是管理者应该留意的：

（1）涉及人事和公司机密的工作。人事的去留与职位的升降是组织中最敏感的事情，很多关于人事的事情都需要保密。因此，关于人事的工作就不宜交给下属去执行，如果下属处理不妥，会导致公司人事关系的恶化。此外，公司的最新决策、技术动向和客户信息都属于机密事情，与此类项目有关的工作也不宜让下属参与，因为你无法完全避免下属盗取公司情报，如果下属确实盗取了公司的资料，并且把它们透露给公司的竞争对手，会对公司的运营产生非常不利的影响。

（2）与危机处理有关的工作。如何化解危机对公司的不利影响是对管理者最大的挑战。因此，管理者最好不要把危机处理的工作交给下属。再者，管理者亲自解决危机有助于稳定民心，当危机发生时，管理者应亲自坐镇，主动面对公众和媒体，这有助于避免事态进一步恶化，挽救公司岌岌可危的名声。

（3）公司高层指定管理者亲自完成的工作。公司高层希望管理者亲自完成某项工作，自然有其特定的理由，比如，充分信任管理者能完成此项工作，希望管理者的能力能得到挑战和锻炼。因此，在此种情境下，管理者就应该亲力亲为，如果将工作交给下属完成，容易产生两种后果：一是让公司高层误认为管理者对自己和自己所交代的工作不够重视，使高层对管理者产生一定误解；二是公司高层会怀疑管理者是否具备完成此项任务的能力，从而产生"管理者不能胜任这项工作"的念头。

Part 06

怎样说，下属才会听
沟通背后的行为心理学

要多听少讲，因为人有两只耳却只有一张嘴

一个刚到公司工作不久的小伙子抱着一摞文件站在碎纸机前犯愣。公司的秘书刚好从旁边经过，她看到小伙子后，低声说了句："真是菜鸟，连这个都不会用。"随之便抢过小伙子手里的文件，放到机器里按动了电钮，很快文件被切碎了。这时小伙子问："太谢谢你了，请问复印件从哪里出来？"

很多的失误来源于"我以为"的思维惯性，如果要避免惯性思维所引致的失误，方法之一就是：解决问题前先学会倾听。

费斯诺定理由英国联合航空公司总裁兼总经理L·费斯诺提出，其观点为：人应该多听而少讲，因为人拥有两只耳朵却只有一张嘴巴。管理者身处组织层级的较高层，常常喜欢独断专行，在沟通中虽然似乎在听着下属的讲话，但事实上并没有深入谈话者的思想，没有从下属的角度真正理解员工意欲表达的见解。

是否具备较高的倾听技巧是有效沟通的关键，管理者应从如下

五个方面培养自己的倾听技巧：

（1）与下属保持眼神接触。眼神直接表明了管理者是否在积极倾听下属的讲话，与下属保持眼神接触，等于在暗示员工，管理者正在十分用心地倾听，提高了下属表达的欲望。

（2）运用适当的面部表情和低调的身体语言。比如，如果管理者对下属的某个想法持有相同的观点，可以用点头来赞成，这说明管理者正与下属处于同样的沟通情境。

（3）适时提问。提问是增进理解的最好途径，具有反馈的功能。

（4）千万不要做一些干扰性的动作和姿势。比如，看看手表，翻翻报纸等，这些不经意的举动会让下属觉得管理者很不耐烦，使交谈发生"短路"。

（5）管理者参与对话时，自己不要说得太多。管理者与下属沟通是增加自己信息量的过程，因此，管理者应该把沟通中 80% 的时间交给下属去支配，自己则分析下属讲话中所反映的问题。

下属知道的事，只有 10% 会反馈给上级

有一次，巴顿将军对士兵食堂搞了一次突然袭击，他想看看士兵真正的生活到底是怎么样的。在食堂里，他看见两个士兵站在一个大汤锅面前，便走了过去，向士兵命令道："让我尝尝这汤！"

"可是，将军……"其中的一个士兵正准备解释。

巴顿将军打断了士兵的话："没什么'可是'，给我勺子！"随之，巴顿将军举起勺子喝了一大口，"咕咚"将汤咽下后，将军怒斥道："太不像话了，怎么能给战士喝这个？这简直就是刷锅水！"

"我正想告诉您这是刷锅水，没想到您已经尝出来了"，士兵答道。

如果在食堂里举起勺子的不是巴顿将军，而是一名普通士兵，那一勺刷锅水被喝进肚里的概率会低很多。

管理领域有一个术语是"沟通的位差效应"，内容为：平等交流是企业有效沟通的保证——来自领导层的信息只有20%~25%被下级知道并正确理解，而从下到上反馈的信息不超过10%，但平行交流的效率则可达到90%以上。

美国加利福尼亚州立大学是沟通的位差效应的提出者，他们对企业内部沟通进行研究后得出了"位着效应"这一结论。为了进一步研究这一结论，他们又试着在整个企业内部建立了一种平等沟通的机制。他们发现：在企业内建立平等的沟通渠道后，大大增加了领导者与下属之间的协调沟通能力，使他们在价值观、道德观、经营哲学等方面很快地达成一致；同时，上下级之间、各个部门之间也实现了信息的对称流动，业务流、信息流、制度流也更为通畅，大大减少了信息在执行过程中发生变形的情况。最后，他们得出了一个结论：平等交流是企业有效沟通的保证。

当一个企业发展到逐渐有规模，管理的层次逐级增加后，"言路不畅"便成了有效沟通的最大障碍，高高在上的领导者并不能及时获知执行层面的具体情况，结果导致领导者所制定的决策偏离了现实情况，造成决策失误。在企业中，信息的交流主要有三种方式：上情下达、下情上达、平行交流。前两种是非平等交流，后一种则是平等交流。管理者要想实现平等沟通，便要打破等级之间的壁垒，把平等的理念注入前两种交流形式中去。

关于如何在企业内部实现平等交流，沃尔玛公司为业内的许多公司做了示范。在沃尔玛公司，任何员工在任何时间、任何地点，都允许以口头或书面形式与管理人员乃至总裁进行沟通，向高层提出自己的建议和投诉。董事长沃尔顿亲自接待要求面见的基层员工，倾听他们的讲话，如果员工提出了有价值的见解，他便认真地解决相关问题。

通常情况下，专属于沃尔玛公司的12架飞机停在阿肯色州罗杰斯机场的飞机库里，地区经理们每个星期一的早晨都要乘坐飞机前往自己分管的地区视察。视察持续四天，在这个过程中，经理大量接触基层的员工，了解他们对公司及商品销售走势的建议，对提出了有价值建议的员工进行及时的奖励。

为了加强平等意识，沃尔玛员工所佩戴的工牌也独树一帜，上面除了名字外，没有标明职务，公司内部没有上下级之分，见面就直呼其名，尽可能地避免了管理层级的存在对于平等沟通的负面影响。

说什么不重要，别人怎么理解才重要

  老板对秘书说："你帮我查一查我们有多少人在华盛顿工作，星期四的会议上董事长将会问到这一情况，我希望准备得详细一点。"秘书收到指令后，立即打电话给华盛顿分公司的秘书："董事长需要一份你们公司所有工作人员的名单和档案，请准备一下，我们在两天内需要。"分公司的秘书又向其经理汇报："董事长需要一份我们公司所有工作人员的名单和档案，可能还有其他材料，文件要尽快送到。"
  第二天早晨，四大箱航空邮件到达了公司大楼。

  管理者向下属分派工作任务时，如果下属对于工作指示的理解异于管理者的本义，常会导致工作执行的结果与目标差之千里。
  一个秀才去买柴，他对卖柴的人说："荷薪者过来！"卖柴的人虽不知"荷薪者"为何意，但他知道"过来"的意思，便向秀才走去。秀才又问："其价如何？"卖柴人把价钱告诉了秀才，秀才摇了摇头说："外实而内虚，烟多而焰少，请损之（你的木材外表是干的，里头却是湿的，燃烧起来，会浓烟多而火焰小，请减些价钱吧）。"卖柴人听得不明所以，悻悻地挑着柴走了。秀才是读书之人，卖柴人不过是乡野村夫，两人在知识储备方面存在着巨大的差异，秀才用读书人的语言与卖柴人交流，卖柴人所拥有的知识资源无法解读秀才的用语，自然导致两者无法顺利交流。这种情况便是"失真效应"：在信息传递的过程中，输出信息与输入信息不一致导致结果出现差异的现象，即失去本意或原来的面貌。

管理学大师彼得·德鲁克曾说："沟通不是你在说什么，而是别人怎么理解你说的是什么。"

管理是一项驾驭人的艺术，管理者在日常工作中，80%的时间都在与不同的人进行沟通，一个管理者在沟通的过程中，如果无法保证上级、下属、客户及合作伙伴完全明白自己意欲表达的信息，甚至使他们对信息造成误解，必然会对日常工作造成重大负面影响。

如何才能避免沟通中出现失真效应？怎样才能提高沟通的效率？与沟通相关的"4W1H"法则为有效沟通的实现提供了如下建议：

（1）WHO：确定与谁进行沟通。信息传递的过程中，经过的中间人越多，信息失真的概率越高。直接与受传人进行沟通，可以尽量避免信息在传递过程中的遗失、扭曲。与下属结束沟通前，管理者最好提取反馈信息，让下属把工作内容复述一下。

（2）WHERE：在哪里沟通，确定沟通的地点。同一个信息，相较办公室，在电梯间传递时就降低了信息的重要性，所以重要的工作指令适宜以管理者的办公室为沟通场所。

（3）WHEN：什么时候进行沟通。对于很重要的事情，管理者就不要在临近下班的时候与下属进行沟通，此时对于下班的关注使下属难以在交流的时候全神贯注。

（4）WHAT：沟通的内容是什么。管理者在沟通时，一定要明确自己的沟通目的，以免在沟通的过程中失去了对主题的控制与驾驭。

（5）HOW：怎样进行沟通。在企业中，庞大的组织机构是导致失真效应的重要原因之一，组织结构越复杂，信息传递的渠道也越复杂，小道消息盛行，模糊的信息经多次传播后，相对信息源的原意发生了严重变异。此外，组织还常常是流言的栖息地，不正确的流言经多人传播，遵从"三人成虎"的逻辑，渐渐地流言披着真相的外衣魅惑人心。因此，管理者需要做好对各种信息传递渠道的管理与控制，利用各种场合，保持组织成员之间经常不断地信息交流，从而在企业中建立一个不拘形式的开放的信息沟通系统。

快去接电话——选择合适的沟通渠道

珍妮和索菲亚住在同一幢楼的上下层。一天，珍妮给索菲亚打电话，准备约索菲亚一起逛街，可是她等候了很长时间也没有人接听，珍妮把脑袋从窗口伸出去向楼上喊道："索菲亚，你在家吗？"

"在，什么事？"索菲亚同样从窗口探出了脑袋。

"快去接电话！"珍妮说。

趣评：电话和直接面对面是两种不同的沟通渠道，既然珍妮通过面对面的方式可以达到沟通的效果，再次依赖电话沟通，既浪费了资源，也影响了沟通效果。

笑话中的管理学：组织内部的沟通可以分为正式沟通和非正式沟通。正式沟通，一般指在组织系统内，依据组织明文规定的原则进行的信息传递与交流，如组织与组织之间的公函来往、组织内部的文件传达、会议讨论、上下级之间的定期情报交换等；非正式沟通，是指通过正式沟通渠道以外的途径进行信息交流和传达的方式，非正式沟通是非正式组织的副产品，它一方面满足了员工的信息需求，另一方面也补充了正式沟通系统的不足，非正式沟通多通过个人私下的沟通渠道实现交流。

沟通渠道的畅通是保证组织良好运作的必要条件。不同的沟通渠道传达信息的能力是截然不同的，有的沟通渠道具有较强的丰富性，沟通时既能同时处理多种信息，还能提供及时的反馈，具有很强的个人化特征。而有的沟通渠道则不具有如上特征，既无反馈，在沟通时也只能处理单一的信息。纵观组织内部的各种沟通渠道，面谈属于丰富性很强的沟通方式，它可以通过手势、面部表情和语调传达出多种信息，在反馈和个人化表现方面具有很强的优势；企业布告和电子邮件则欠缺丰富性。

沟通传达信息的能力的差异直接影响了沟通的效果以及员工对

信息的情绪反应，因此，针对各种沟通渠道的差异，管理者要进行妥善的选择。对于一些常规性、不易产生误解的信息，宜选择丰富性较差的渠道，如企业人事任免的通知以电话邮件的方式通知即可；而对于一些复杂的、易引起争议的信息则宜选择丰富性较强的渠道，如关于企业变革的决定最好以会议的方式进行讨论，与员工绩效考核有关的信息交流则应该采取面谈的方式交流。

同理心，会使沟通效果倍增

一艘轮船经过了一个荒岛，岛上有个穿着兽皮、满面胡须的人，他一边狂叫一边拼命挥着手。

游客问船长："那个人是谁？"

船长不耐烦地说："不知道啊，每年我们的船开过这里，他都要发狂一次！"

由于缺乏同理心，船长把求救行为解读成了发狂的举动。

管理者在与下属沟通时，常会发生这种情况：管理者讲得意兴阑珊，下属表面上对管理者唯唯诺诺，内心却对抗不断，频频在内心用不同的句子反驳管理者的话语。沟通的目的在于交流和分享，只有下属真正从内心认可了管理者的观点，管理者所做的沟通努力才不会徒然无功。管理者与下属的价值观不同、家庭背景不同、经历感悟不同、社交圈不同，如果管理者只是从自身的立场进行沟通表述，自然很难使下属被由衷地说服。对于化解这种对立，保持同理心是一个不错的沟通方法。

所谓"同理心"，就是站在当事人的角度和位置上，客观地理解当事人的内心感受，并且把这种理解传达给当事人的一种沟通交流方式。同理心就是将心比心，把自己置于与当事人同样场景中，设身处地地去体会和理解对方的感受。

管理者把自己假想为下属，想象下属因为什么心理引致这种行为，由于这种思维模式以心理接纳为前提，管理者也易于谅解行为和事件的发生。不过心理接纳并不等同于心理认同，管理者往往仍然很难与下属保持同样的看法，但是不认同下属并不意味着下属一定是错的，有时候，管理者换一种思考的角度，常常会发现自己原先的看法不一定正确。

在运用同理心的时候常有一种误解，认为"同理"就是被同化。其实并不尽然，"同理"与"君子和而不同"的人际道理相似，管理者与下属虽然持有迥异的价值观，但是管理者仍然能够在这个前提下做到体谅和尊重下属。

管理者往往是完美主义的化身，他们为自己树立了较高的标杆，也习惯性地要求下属以此为行为标准，甚至以"没有任何借口"的理念驯化员工，一旦员工的表现达不到自己的标准，便对其进行严厉苛责。但是管理员工并不是管理者的主观行为，需要员工的心理认同才会实现管理者的完美想法。因此，管理者在沟通时便应该多一些"同理心",当员工表现不佳时,应该想想到底是什么诱因导致了这种结果:是员工的主观意识,还是客观因素造成的情非得已?比如,由于工作排期较满,管理者不得不要求员工经常加班,但是某一个员工总是推脱加班的要求,此时管理者便不应主观论断此位员工厌恶工作,对此位员工进行批评。而是首先要询问员工无法加班的具体原因,因为除了不愿意工作外,还有其他的原因导致员工无法履行加班的要求,比如,员工身为独子需要承担照顾老人的责任,在加班时间孩子没人照顾等。

总之,沟通是一种互动的过程,为了确实实现沟通的初衷,管理者适当地置换身份更有助于下属的心之所向,毕竟沟通与强制贩卖观点有着本质的区别。

身体力行,对下属有更强的说服力

乔·纳马斯是美国杰出的足球明星。一天,教练召开了一次队会,教练站在列队前面厉声说道:"这是一次分级赛,我要求你们注意仪表。把皮鞋擦亮,领带系上,头发理好,裤缝挺直,我希望你们能升级。在这个队伍可不允许出现笨蛋,谁是笨蛋早点站出来!"教练刚刚讲完话,乔·纳马斯便站了出来,教练吃惊地说:"乔,你怎么回事?你难道自认为是笨蛋吗?"乔说:"教练,我实在不忍心让你独自站在那儿。"

身教重于言教,管理亦然。如果管理者能通过自己的行为诠释出组织对于员工的要求,自己首先成为组织要求的践行者,往往能减少员工在内心对于要求的抗衡心理。

如果一个管理者总是强调组织注重对员工的关怀,但在具体的管理实践中,却对员工家庭发生的变故充耳不闻;当组织中有员工离去时,管理者也表现出若无其事的态度;轮到重要的传统节日时,组织也不会为员工发放任何福利或者进行任何形式的集体庆祝。那么,员工还会相信管理者所谓的"关怀员工"的言论吗?答案自然是否定的。因为相较于语言,行动具有更强的说服力,更能够让员工知道管理者和组织的最真实的面目。

管理者的行为不仅能够佐证他在多大程度上践行了自己的语言,而且还会在员工中产生示范效应,他们会根据管理者的行为表现来纠正自己的行为。如果管理者每天总是提前半个小时到达办公室,投身工作而常常耽误了吃饭的时间,员工们往往也会自觉地提前到达办公室,不会总是由于惦记吃午餐便心不在焉地工作,即使员工不会表现得如此积极,但他们也会产生这种意识,日久天长,会对工作产生正面影响。当然,如果管理者在工作时从事私人事情,员工也会倾向于在办公室做私人的事情,至少他们会淡化对问题严重性的认识。

因此,在向员工提出要求或传达关于组织的正面信息时,管理者应该明白，这不仅仅是语言层次的问题。语言上的表达仅仅把这些信息告诉了员工，但这些信息是否能够得到员工内心的认可，还取决于管理者的具体行为表现，员工只有看到管理者的行为表现符合语言信息的内容时，才会真正认可和相信他们所听到的内容。

Part

07

把庸才变成干将

团队激励背后的行为心理学

惩罚使行为减少，奖励使行为持续

兔子在街上闲逛，迎面遇见了老狼。老狼上前就扇了兔子一个耳光："让你丫的不戴帽子！"兔子捂着通红的脸回家了，在回家的途中，它赶紧买了顶帽子戴上。

几天后，兔子在街上又遇见了老狼。老狼又伸手扇了兔子一个耳光："让你丫的戴帽子！"兔子很郁闷：不戴帽子不是，戴帽子也不是，于是兔子准备向老虎投诉。

兔子到达老虎家门口的时候，发现老狼已经捷足先登找老虎来了，便将耳朵凑在门上听里面在说些什么。"老狼啊，你也不能总是蛮不讲理地打兔子啊，你说如果兔子来找我投诉，我也不好罩着你啊！我教你一招吧，下回你遇见兔子，你就这么说——给我找点洗衣服的来，如果它给你拿来肥皂，你就打它一顿，说你要的是洗衣粉；如果它给你拿来洗衣粉，你也能趁机打他一顿，说你要的是肥皂。或者你让兔子给你找个妞来，它给你找来一个胖的，你就打它一顿，说你喜欢的是瘦的；如果它给你找来瘦的，也打它一顿，说你不喜欢瘦不拉叽的。"

兔子擦了擦头上的汗，原来老虎和老狼是穿一条裤子的，幸亏自己没进去，否则岂不是羊入虎口了。兔子赶快回家了。

几天后，倒霉的兔子又在街上遇见了老狼。老狼冲着兔子大喝一声："给我找点洗衣服的来。"兔子怯生生地问了句："你是要洗衣粉还是要肥皂啊？"老狼顿了顿，接着说："去给我找个妞来！"兔子又怯生生地问了句："你是要胖的啊，还是要瘦的？"

老狼勃然大怒，伸手就给了兔子一个大嘴巴："叫你丫的不戴帽子！"

在兔子看来，老狼打的大嘴巴——惩罚，是自己行为得到的结果。为了不得到这个惩罚，它不断矫正自己的行为。这反映了团队行为心理学中的强化理论。

强化理论是由著名心理学家斯金纳提出，基本观点是：人们的行为很大程度上取决于行为所产生的后果。也就是说，如果一种行为能产生积极的或令人满意的后果，这种行为便会经常得到重复；反之，如果一种行为产生的是消极的和令人不满意的后果，这种行为得到重复的可能性就很小。

管理者经常采取惩罚或奖励的方式来激励员工，这种手法便是强化理论在企业管理实践中的运用。比如，一个员工主动向上级提出了一个改进工作效率的合理化建议，并且公司采取这个建议后确实降低了企业的运营成本，于是领导者当着其他的员工表扬了这位员工，并对他进行了物质奖励，领导者的这种行为必然会鼓励这位员工继续创想对企业更有价值的点子；如果领导所实施的奖励行为促使这位员工更加积极地参与公司事务，那么说明奖励作为有效绩效的强化因子发挥了作用。上述奖励的例子为"正强化"，惩罚便是"负强化"。比如，一个员工每次迟到时，都会遭到管理者的责问，甚至管理者对其实施金钱惩罚，由于惩罚是一种不愉快的经历，为了避免这种不愉快经历的再次发生，员工一般会努力避免迟到的发生，此时，惩罚便起到了负强化的作用，使员工不符合组织要求的行为得到了修正。

不过，运用强化理论激励员工也存在着如下弊端：

（1）如果员工每次表现良好的时候，管理者都对其进行奖励，那么，一旦某个好的行为没有受到管理者的奖励，员工便会减少这种行为的发生，奖励的有与无、多与寡直接决定着员工是否采取某个好的行为。为了避免这种情况的发生，管理者应对员工不定期地进行奖励，而不是在每一个值得表彰的行为出现后，都慷慨地送上一份精神鼓励或物质嘉奖。

（2）按照强化理论的逻辑激励员工时，总会带着些控制与操纵的成分，虽然控制与操纵在管理活动中是必要的，有助于提高管理者对员工的监督和指导能力。但是这种管理方式会使员工觉得自己是受人操纵的棋子，管理者在奖励和惩罚员工时应仔细考虑一下，是否这样做违背了员工自身的行为意愿,是否扭曲了他们个性化发展空间。

因此,最好不要完全依赖奖惩的手段来激励员工。

不公平感,在工作中是怎样产生的

一户人家养了一只小狗和一头驴,每当晚上主人回来的时候,小狗总是雀跃地迎上前去,摇摆着尾巴投向主人的怀里,主人也总是高兴地抚摸着小狗。

驴子被冷落在一旁,心里着实不满:"哼,狗每天什么都不干却能讨取主人的欢心,我每天拉磨却得不到任何奖赏,看来,我也要想想办法向主人示好才行。"

这天,主人回家的时候,驴子抢先小狗一步迎上前去,迅捷地将蹄子搭在了主人的肩上。受到惊吓的主人忙推开驴子,举起鞭子狠狠地抽了它一顿。

寻求公平是员工对组织的心理诉求,只有他们感到相较其他员工而言,自己的投入获得了相对公平的报酬,他们才会产生满足感。

在组织中常常会发生这样的情况,即使与行业平均水平相比,组织已经给某个员工支付了较高的薪水,但是如果相对组织内部其他员工而言,此位员工的薪水低于承担同样工作的同事,他也会对组织产生不满而降低工作热情。

美国心理学家斯达斯·亚当斯提出了公平理论，特别分析了组织内员工之间就报酬与投入进行相互对比的情况。

公平理论的内容为：组织中的员工都有估价自己的工作投入和获得报酬的倾向，他们不仅关心自己报酬的绝对值，也关心报酬的相对值。员工总习惯于把自己付出的劳动和所得的报酬同他人付出的劳动和所得的报酬进行对比，也会把自己现在付出的劳动和所得的报酬同过去付出的劳动和所得的报酬进行对比，如果他们发现自己的收支比例同其他同事的收支比例大致相等，或者现在的收支比例与过去的收支比例大致相等，便会觉得受到了组织的公平对待，正向增强工作动机；否则，便会感到不公平，降低工作积极性。

当某个员工与其他同事相比，感到自己的报酬过低时，常常会心理失衡，或者不再像从前一样努力工作，或者向组织提出加薪的要求，而如果组织无法通过实行一些举措消除这种不公平感的话，员工还常常会以辞职的方式进行反抗，他们会去寻求更能使自己的价值得到公平对待的地方。

因此，对于组织而言，如何尽量使员工感到公平是一个重要的使命，因为收入分配的公平感是一个强有力的激励因素，它从心理方面影响着员工绩效的实现以及组织内人才的去留。下面是针对如何使员工感觉公平提出的三条建议：

（1）使员工建立统一的公平观。应使员工意识到以绩效为基础的分配方式是相对公平的收入分配选择，类似大锅饭的平均主义观念是对公平的误解。

（2）绩效评价体系要合理。让员工知道组织衡量贡献的尺度和标准。

（3）按照公开公正的原则公布考核标准和分配方案，如果分配的程序做到了公平，报酬高者可以理直气壮，报酬低者也会心服口服，并且可以促使报酬低者产生追赶报酬高者的工作热情。

不过，人的心理是一个很难控制的情绪化因素，企业很难做到绝对公平，使组织内的每一个人都产生公平感。因此，企业在以公平理论为基础激励员工时，首先要明确到底要使哪些员工感到公平，只有尽量使企业的核心员工产生公平感，才会提高企业的竞争力。

有难度的目标，更能激发员工的工作动力

一位游客来到了乡下，他看到一位老农正在把喂牛的草料铲到屋檐上，很是好奇，于是问道："您为什么不把草料放在地上，直接让牛来吃呢？"

老农说："这种草的草质不好，我要是放到地上，牛就不屑一顾。但是当我把它们放到牛勉强可以够得着的屋檐上后，它就会努力地吃，直到把它们吃个精光。"

对于员工而言，有一定难度的目标比容易的、唾手可得的目标更能激发他们的工作动机。

目标设置理论是美国行为科学家爱德温·洛克于 1968 年提出的一种激励理论。他在研究中发现：外来的刺激（如奖励、工作反馈、监督的压力）都是通过目标来影响动机的，目标能引导活动指向与目标有关的行为，使人们根据难度的大小来调整努力的程度，并影响行为的持久性。因此，他得出结论：指向目标的工作意向是工作激励的一个主要源泉，目标本身就具有激励作用，目标能把人的需要转变为动机，使人们的行为朝着一定的方向努力，并将自己的行为结果与既定的目标相对照，及时地进行调整和修正，从而实现目标。

不过，单纯设置一个目标并不是产生高水平激励效果的充分条件，要使目标激发出员工的积极性，目标设置需遵循以下四条原则：

（1）目标应该是具体的。明确而具有挑战性的目标比模糊或总体性的目标能带来更高的绩效水平。

（2）目标应难度适中。太简单的目标无法激发员工的动机，过于困难的目标又使员工信心不足，产生挫败感，以致影响绩效的实现。管理者应全面衡量员工的能力和心理素质，使达到所设置的目标的能力指标略高于员工的实际能力。

（3）员工对目标做出承诺，员工接受组织和管理者所设定的目标，愿意为了实现目标而努力。研究发现，让个人参与目标设置有助于个人更清楚的理解目标，更易达到目标。此外，还能增强个人的组织归属感，从而激发他的工作动机，取得更好的工作绩效。1990年日本丰田公司的4.7万名员工共提交了180万个建议，很多意见受到公司的高度重视，并取得了良好的企业效益。

（4）对目标实现的进程提供及时客观的反馈。客观的反馈有助于员工了解自己的行为结果，使员工能够把实际得到的奖赏与所期望得到的奖赏联系起来，从而保证员工行为向既定的目标行进。

目标设置理论对管理者的启示是：为了激发员工的斗志，管理者应该为员工设置具体的、有一定难度的目标，为了将组织目标内化为员工自己的目标，可以通过让员工参与的方式使其认同这一目标。不过目标成为激励因素需要具备一个前提，那就是员工具有高度的自我管理能力和对目标的高度承诺，他们渴望通过努力去实现组织所设置的目标。只有符合这个前提条件，设置挑战性的目标才会成为激励员工工作的一个有效手段。

引入竞争，会激发团队的活力

一位推销员成功地将一台机器人推销给了一家工厂。几个月后，他再次到那家工厂拜访发现，那台机器人被放置在办公室的一个角落原封未动。推销员很好奇，问道："这台机器人有什么问题吗？"总经理说："没问题，它帮助我们提高了产量和效率！"

"究竟是怎么回事?"

"每天早晨,我都警告我们的员工,如果你们不加倍努力,那台机器人就会取代你们!"

管理者如果能告诉员工,假如他们不努力工作,他们今天的职位便会被其他的人所取代,往往能激发出员工乃至团队的最大活力。

挪威人很喜欢吃沙丁鱼,尤其是活的沙丁鱼。市场上活沙丁鱼的价格比死沙丁鱼高许多,为此,渔民总是千方百计地争取让沙丁鱼活着回到渔港,然而不论他们怎么努力,绝大部分的沙丁鱼还是死在了运送途中。可是有一条渔船却总是能让大部分沙丁鱼活着运回渔港,船长把这视为一个不能说的秘密,大家都不知道船长为什么能让大部分活的鱼回到海港。直到船长去世的时候,这个秘密才被揭开——原来启程之时,聪明的船长在装满沙丁鱼的鱼槽里放进了一条鲶鱼,鲶鱼进入陌生环境后,四处游动,沙丁鱼看见鲶鱼后非常紧张,便在鱼槽里左冲右突,四处躲避,加速游动,存活率大大提高。鲶鱼就是很多沙丁鱼被活着运回渔港的秘密。后来,人们便把这一现象称为"鲶鱼效应",指的是通过个体在组织中的进入,可以对整个群体起到竞争作用,加强组织成员的活力。

随着员工在一家公司工作年限的增加,工作的挑战性越来越低,所做的工作大多是一些程序性事情,此时,员工便容易产生惰性,只是做一天和尚撞一天钟。为了增加企业活力,管理者将几只"鲶鱼"引入组织是一个不错的方法。"鲶鱼"多是一些素质与能力较高的人才，员工与这些"鲶鱼"共处一室，他们发现"鲶鱼"能够比自己更高效地完成工作，自然而然地担心自己朝不保夕，害怕自己目前的职位被他人所取代，因此，他们便会与"鲶鱼"形成竞争效应，改变了原来只求安定的心态，在工作中激发出更大的活力。

除了从企业外空降的人才外，机制的建立同样能创造出"鲶鱼效应"。比如，公司推行绩效考核，通过薪酬、晋升和淘汰机制的建立向员工传达"不进则退"的职场竞争态势，从而让员工紧张起来。同时，管理者在组织中构建竞争性团队也能产生"鲶鱼效应"，在团队管理中，管理者支持所有的团队成员相互竞争内部资源和外部资源，奖赏高绩效的员工，惩罚低绩效员工，也会使员工始终处于充分战斗的状态。

根据业绩提拔一个人，是有风险的

一个美国人第一次到德国旅游，德国一家旅游公司的服务很周到，特别派了一只叫作"业务员"的狗为美国人做导游。这只狗业务精专、兢兢业业，几乎带领美国人游遍了德国的每一处胜景，给美国人留下了深刻的印象……

两年后，美国人故地重游，再次来到了德国。他特意找到原来的那家旅游公司，希望那只叫做"业务员"的狗能做自己的向导。旅游公司的负责人说："原来那只叫'业务员'的狗,已经改名叫'经理'了,如今它什么也不会做了,只会蹲在角落里冲别人大喊大叫……"

"业务员"因表现优秀而晋升为经理,但在经理职位上却毫无建树。因为在导游职位上表现出色并不证明它会是个优秀的经理。

劳伦斯·彼得1917年生于加拿大的范库弗,他是一位很有创见的管理学家,在对千百个有关组织中不能胜任的失败案例进行分析归纳后,他得出了彼得原理:"在一个等级制度中,每个职工趋向于上升到他所不能胜任的地位。"彼得认为,每一个员工由于在原有职位上工作成绩表现好(胜任),就会被提升到更高一级职位;其后,如果继续胜任将被进一步提升,直至到达他所不能胜任的职位。因此,彼得的推论为:"每一个职位最终都将被一个不能胜任其工作的职工所占据。层级组织的工作任务多半是由尚未达到不胜任阶层的员工完成的。"

1960年9月,在一次由美国联邦政府出资举办的研习会上,彼得博士首次公开发表了他的发现。当时的听众是一群负责教育研究计划的主管,他们都已获得了晋升,是晋升的直接受益人群,因而他们对彼得的发言不以为然,并报以敌意和嘲笑。后来,彼得将自己的思想集结成册,以《彼得原理》为书名谋求出版。但是,彼得共收到了14位编辑的退稿信。直到一位记者在报纸上撰文介绍彼得原理,出版商才争着出版《彼得原理》,书籍出版后,获得了读者极大的反响,在非小说类畅销书排名榜上占据榜首位置达20周。

彼得原理对于现代企业层次结构的设定有着深刻的启示，直接指出了"根据贡献决定晋升"的晋升机制的弊病所在。某位员工在其职位上取得了成就，管理者为了激励员工，常常采用晋升的手段，把他提升到较高的职位上。此时，管理者便犯了一个逻辑错误，认为员工既然能在目前的职位上表现出色，想当然地认为他能胜任更高的职位。但事实上，较高职位所需要的才能往往是这个员工暂时所不具备的。员工由于表现出色而获得晋升，直到晋升到他们不能胜任的职位上，最终导致企业中绝大多数的职位都由不能胜任的人所担任，造成企业人浮于事、效率低下，很多的平庸者身居高位，却并不具备相应的能力素质。这种理论听起来很危言耸听，但现实中很多企业的职位任职状况确实如此。

对于注重个人发展的员工而言，晋升是一个有效的激励手段，管理者也常常愿意为员工铺就晋升之路，把高职位作为提升员工绩效的诱饵，但彼得原理却启示管理者：不要轻易地进行选拔和提拔，脱离职务分析的晋升只会使组织成为冗员的集中营！

避免企业成为彼得原理现实佐证的措施有以下三个：

（1）管理者晋升员工时，应以能否胜任未来的岗位为标准，而不仅仅是看其在现在的岗位上是否表现出色；

（2）员工能上能下，晋升并不是单向的、不可逆的，如果员工不能胜任晋升后的职位，降职是必要的举措；

（3）为了慎重地考察一个人能否胜任更高的职位，最好采用临时性和非正式性"提拔"的方法来观察他的能力和表现，以尽量避免日后降职所带来的负面影响。

人们不会做你期望的事，只会做你奖励的事

　　约翰从学校回来，他的眼圈黑黑的，鼻子也青了，妈妈忙问发生了什么事情，约翰答道："我和比尔打了一架。"
　　妈妈说："明天你带块蛋糕给比尔，并向他道歉。"
　　第二天，约翰依旧鼻青脸肿地回到了家，妈妈诧异地问："天啊！这又是怎么回事？"
　　约翰说："比尔吃完蛋糕后，又跟我打了起来，他说他还想吃蛋糕。"

　　比尔因与约翰打架而得到了一块蛋糕，比尔想当然地以为打架是获得蛋糕的诱因，为了继续获得蛋糕，比尔自然会再次与约翰打架。奖励标准往往是一个人做出行为选择的重要参考标准，管理者应该表扬和奖励自己期望的行为，而不是那些不应支持的行为。

　　"管理者应该表扬和奖励自己期望的行为，而不是那些不应支持的行为"，这个建议看似没有一点借鉴价值，因为管理者怎么会表扬自己不支持的行为呢？但事实上，管理实践确实常常如此。比如，某些员工下班时走得比较晚，管理者看到后，便认为晚下班的员工比按时下班的员工更努力，他们对工作更有自发性，因此常常

在私下和公开场合表扬晚下班的员工。但事实上，有的晚下班的员工只不过是在下班后与朋友聊天，所做的事情与工作没有一点关系。管理者对晚下班的行为进行表扬，只会降低那些高效率员工的积极性，不经意地促使了怠工行为的发生。还有，管理者总是强调团队精神，但往往又只奖励团队中的某个个人，管理者本来是期望团队紧密合作的，但是他的奖励行为只会助长团队的个人主义。

管理者所奖励的行为，往往是员工工作时的参考标准。因此，管理者应建立正确的标准，即符合企业、组织根本利益的价值标准，然而只有通过奖惩手段的具体实施，才能明确告诉员工组织所期望的行为到底是什么。管理者要求员工做出自己所期望的行为，仅仅停留在希望和要求上，所取得的效果会很有限，只有对这种行为做出真真切切的奖励，才会促使员工为了奖励而战。在奖励的牵动下达到管理者所期望的水准。

管理者在奖励员工时，可以参考如下八个标准：

（1）奖励彻底解决问题的行为，而不是仅仅采取了应急措施的行为；

（2）奖励实用的创造，而不是人云亦云的盲从；

（3）奖励决定性的行动，而不是无用的分析；

（4）奖励出色的工作，而不是忙忙碌碌的工作；

（5）奖励高质量的工作，而不是快速仓促的工作；

（6）奖励冒险，而不是躲避风险；

（7）奖励团队成绩，而不是个人的出色工作；

（8）奖励有效的工作，而不是长时间的工作。

自发的才是最有效的，让员工自己跑起来

吉姆刚刚开始读高中，他第一学期的成绩非常糟糕，他的爸爸便鼓励他说："如果下学期你能够每科成绩都得A，我便奖励你一辆小汽车。"

第二学期结束了，吉姆的成绩竟然比上学期还差。爸爸不满地说："你这学期都干什么去了？"

吉姆低着头说："我一直在练习开小汽车。"

吉姆的爸爸本想用汽车奖励来激发吉姆努力学习，但由于吉姆对汽车的偏好远远大于功课，这一奖励行为反而促使吉姆对开汽车自发地投入了更多的精力。吉姆的行为说明：自发的往往是最有效的。

在管理领域，很多的管理理论都强调用"约束"和"压制"的手段驯服员工，使员工在忍受胁迫的情势下努力工作。这种管理手法常常适得其反。如果管理者没有激发出员工的积极性，管制越多，管理成本也越高。

日本社会学家横山宁夫提出了横山法则，他认为："自发的才是最有效的，管理者应激励员工自发地工作。"

卓越的管理者总是深谙"自发"的重要性,在平日的工作中尊重员工的物质和精神需求,通过把"需要"和"激励"结合起来使员工自发地工作,把工作从消极地承受变为主动地参与。

激发员工自主性的基本准则就是充分考虑员工的利益。当员工遇到困难时,管理者能够设身处地为他们解决问题,并且注重为员工进行职业规划,按照员工的能力层次为其提供富有挑战性的发展机会;同时,管理者还会争取把工作变得有趣,尽量在组织中营造快乐的工作氛围,使员工对组织产生情感依赖。当管理者做到这些时,管理者即使不再对员工进行管理和约束,员工也能实现有效的自我控制,此时员工与公司是和谐的统一体,个人与组织不再是对立的两端。

"做软件,到微软",很多微软中国研究开发中心的工作人员经常会讲这样一句话,几乎每一个意欲投身软件行业的人都梦寐以求地要到微软去实现自己的梦想。因为,除了最高端、最前沿的技术外,微软还为员工提供了最大的实现自己创意的空间,使员工的自我发展和自我实现的职业愿景得到最完美的实现。

"充分发挥人的主动性"是微软公司企业文化最重要的特点。身为微软的员工,他们总会有很强的责任感,因为他们被充分赋予了完成工作的权力和自由。用一句话来说,微软的工作方式就是"给你一个抽象的任务,要你具体地完成"。毛永刚是微软中国研发中心的桌面应用部经理,1997年他刚刚加入微软时,主要负责开发Word程序,当时他唯一的资源便是一份大概的资料,没有人告诉他到底怎么去做。毛永刚特意请示了美国总部的意见，但对方的答复是："一切靠你自己去做。"那时候，毛永刚才真正明白了微软公司企业文化的精髓：微软充分让员工发挥主动性，你只需要设计出最满意的产品。

微软公司还远离特权，即使公司的创办人比尔·盖茨也是在公司创办多年后才有了自己的一个专用停车位，以前盖茨来晚了，总要四处去找停车位。在这种公平和富有挑战性的工作氛围的熏染下，微软员工每天总是兴致勃勃地开展工作，他们对工作所持有的热情使其几乎不需要什么外在的约束。

批评的次数越多时间越长，效果越会适得其反

马克·吐温是美国著名幽默作家，一天，他在教堂听牧师的演讲。刚开始的时候，他认为牧师讲得很好，很感动，并准备在演讲后捐款。然而过了10分钟，牧师依然在演讲，马克·吐温有些不耐烦了，决定只捐一些零钱。又过了10分钟，牧师依然没有结束演讲，不耐烦的马克·吐温决定一分钱也不捐了。终于，牧师结束了冗长的演讲，开始募捐，马克·吐温由于气愤，不仅没有捐钱，还明目张胆地从盘子里拿走了两元钱，并说："这是你对我烦躁情绪的补偿。"

当员工的工作表现与工作态度无法达到管理者要求的时候，很多的管理者往往会采取惩罚和批评的做法，甚至当着其他员工的面对不合意的员工进行严厉批评，认为这样有助于减少员工犯错的频率。偶尔的一次批评和惩罚或许能使员工纠正自己的过错行为，为了避免第二次的惩罚而采取谨慎的态度。

但是，如果管理者屡屡对某一个下属实施批评与惩罚的话，批评与惩罚便难以产生正面的效用，在这个过程中，往往"超限效应"会作祟。

所谓"超限效应"，就是由于刺激过多、过强和作用时间过久而引起的心理上的不耐烦乃至反抗的心理现象——犯错员工非但没有因为屡次的批评和惩罚而知错就改，反而对管理者乃至组织产生逆反心理，认为管理者故意针对自己，不论自己如何改良自己的行为，也不会符合管理者的心意。如果员工在自己的意识中，认为改良或不改良自己的工作方式与工作态度都会招致管理者的批评，便更不会积极改善，反而以变本加厉的手法使自己的行为更加恶劣，以此反抗管理者对自己的过度要求。

必要的惩罚确实有助于约束员工不做不利于实现工作绩效的行为，但惩罚也要讲究量和质，否则只会与管理者的初衷南辕北辙。美国前总统约翰·卡尔文·柯立芝提出了"肥皂水效应"，他主张把批评夹在赞美中，认为把对他人的批评夹裹在前后肯定的话语之中，能够减少批评的负面效应，使被批评者愉快地接受对自己的批评。柯立芝有一位漂亮的女秘书，她在工作中总是因粗心而出错。有一天早晨，柯立芝看见秘书走进办公室，便对她说："今天你穿的这身衣服真漂亮，正适合你这样漂亮的小姐。"能够得到一位总统的表扬，女秘书受宠若惊，柯立芝接着又说："但也不要骄傲，我相信你同样能把公文处理得像你一样漂亮的。"从那天起，秘书在处理公文的时候便很少出错了。一位朋友很佩服柯立芝的批评之道，柯立芝对他说："这很简单嘛，你看见过理发师给人刮胡子吗？他首先要给人涂些肥皂水，就是为了刮起来使人不觉得痛。"

"人非圣贤，孰能无过。"员工由于能力与思维认识的局限，在工作中犯些错是不可避免的事情，管理者给予积极的指正，可以帮助员工及早改正错误，以更高效的方式完成任务。但管理者一定要避免批评的泛滥成灾，尽量不要一次又一次将严厉的批评倾倒给员工，而是要运用一些批评的技巧，把批评包裹在肯定的句子里，使员工真正明白：批评并非目的，只是一种管理者希望员工积极进取的手段。

运用异性效应，可以激发员工的内驱力

甲：如果把世界上所有的男人放在某一个岛上，所有的女人放在另一个岛上，就会解决失业问题。

乙：为什么？

> 甲：因为人人都忙着造船，没有一个人会空闲。

"窈窕淑女，君子好逑"，对于异性的追逐，使男女员工迸发出难得的内在驱动力。

航天员在进行宇宙飞行时，其中60.6%的人会产生"航天综合征"，如头痛、眩晕、失眠、烦躁、恶心、情绪低沉等，航天员曾经尝试了很多种药物，但都无济于事。

后来，美国著名医学博士哈里教授发现这是男女性别比例失调所造成的，于是特别向美国宇航局提出了建议：在每次宇宙飞行的过程中，让一位貌美的女性陪伴在航天员左右。建议实施后，航天员的"航天综合征"不治而愈。

在人际关系中，异性接触会产生一种特殊的相互吸引力和激发力，并能从中体验到难以言传的感情追求，对人的活动和学习通常起到积极的影响。这种现象便是"异性效应"。美国医学博士正是发觉了"异性效应"的奇妙，对症下药，为航天员解决了精神不佳的症状。

在企业管理领域，心理学家发现，在一个只有男性或女性的工作环境里，即使办公条件很优越，员工也很容易疲劳，工作效率不高。由此可见，从员工男女搭配方面，管理者可以开辟出一条激励员工的新途径，比如，管理者在选择团队成员时，刻意使男女员工的人数保持适当的比例，一些员工则会产生"希望在异性面前表现更好"的心理，从而愿意更努力地获得职场的较好表现。

一般而言，异性效应的发生还需要具备两个前提条件：其一，异性人数的构成，不论哪一方，不能少于所需要的最低比例（20%）；其二，异性人数的年龄相差不能太大。

必要的危机感，可以提高团队的生产力

客户：贵厂生产的救生圈使我很快学会了游泳。

厂长：承蒙夸奖。

客户：不必谦虚，贵厂生产的救生圈一放到水里就撒气，我只好拼命地游啊游，结果很快就学会了游泳。

质量不佳的游泳圈能使游泳者溺死水中，这给学习游泳的人带来了危机感，促使其快速学习游泳技术。

美国银行家路易斯·B·蓝柏格认为：为员工制造必要的危机感——危机感的存在有助于使员工战胜他们所面临的挑战，将自己的智力资本与劳动资本尽可能地转化为企业的生产力，这样才能为自己长久地栖身公司提供可靠保证。这被称之为蓝柏格定理。

1983年，麦德公司的员工在进入公司时都会看到一块重达680磅的巨石，对于摆放巨石的举动，行政总裁Steve Mason别有用意，他要求每一个员工都思考把巨石移开意味着什么。后来，Steve Mason将自己的心意明确地告诉了大家："我们为客户提供了有价

值的产品或服务，使他们满意，就是把巨石挪开了。"巨石意味着公司在发展过程中所面临的挑战，如果挑战失败，企业便止步于发展的坦途，遭受一系列危机，甚至成为商业世界的牺牲者。"唇亡齿寒"，公司垮了，公司的员工自然也会遭受失业的命运，暂时失去了生存的保障。

企业在为员工灌输危机意识时，应该让员工知道危机来自于外部的威胁，而非企业内部故意把压力强加给员工，要使员工深刻明白：他们与公司同舟共济，企业与他们担负着同样的生存与发展危机，只有员工与企业共同奋斗，才能免于被竞争对手蚕食掉的危险。强调压力来自外部环境能降低员工对于危机的抵触与反感程度，真正地将压力变为动力。

不过，管理者为员工施加压力也要适度。压力与业绩之间存在着一种倒U形关系，适度的压力水平能够使业绩达到顶峰状态，过小或过大的压力都会使工作效率降低。因此，企业在为员工制造危机感的时候，一定要本着适量适度的原则，如果管理者为员工制定了过高的工作目标，压力非但不会变成动力，反而会成为导致员工焦虑不安的罪魁祸首，会极大地挫伤员工的自信心，使他们对于组织所分配的工作任务望而却步。

如果榜样足够优秀，骆驼可能跑得比车快

天气酷热难耐，约翰骑着一头骆驼在公路上闲庭信步地走着。这时，有一辆汽车从后面行驶过来，约翰从骆驼背上翻了下去。他冲着汽车招了招手，汽车在他的面前停下，约翰说：“我已经在沙漠里走了很久了，我简直热得要着火了，可不可以让我搭个便车，在车里吹吹冷气啊？”

开车的人是布林，他很友好地说：“没问题啊，可是，你的骆驼怎么办？那个庞然大物可塞不进我的后备箱。”

约翰说：“没关系，它会跟在你的车子后面的。”

于是，约翰坐在车子里和布林一起上路了。

刚开始，布林以60公里每小时的速度前进，他从后视镜看到那只骆驼似乎很轻松地跟上了；接着，布林加大了马力，他将时速加到了80公里，那只骆驼依然一副轻松的样子。布林准备挑战一下骆驼，他一口气飙升到了120公里每小时，不过他仍然有所顾及，便问约翰：“你的那只骆驼真的没事吗？我看他都已经在吐舌头了！”

约翰紧张地问：“它的舌头是吐向哪一边？”

"右边。"

约翰赶紧对布林说：“赶快把车开向左边一点，它要

超车了!"

如果榜样足够优秀,骆驼可能跑得比车快。

榜样的力量是无穷的,当员工看到某一个同事在公司内晋升加薪时,自然容易"见贤思齐",驱使他们付出更多的努力争取获得同样的成就。

一般在一些运作比较成熟的企业中,总会有一些随着企业的发展一起成长起来的老员工,他们经过努力而渐渐地在企业中累积了自己的发展优势,渐渐地从基层人员晋升为中层乃至高层职员,薪水也水涨船高,与初进公司时相比,各个方面都有了明显的提高。因此,他们在公司工作的过程,也是一部鲜活的个人的晋升与发展史。这些老员工的经历对于企业的新员工具有很强的激励意义,因为他们曾经与新员工有着类似的职场背景,他们的发展历程容易使其他员工产生情感共鸣,为新员工的自我激励提供了最好的参考模本。

榜样激励可以使员工产生见贤思齐的心理,管理者如能在企业中选取几个优秀员工为其他员工树立效仿的榜样,明确地告诉他们如果付出和他们一样的努力,也能在公司中受到同样的待遇,将会增强员工克服困难的意志,使他们明确地知道"何者不可为、何者可为"。

在企业员工中树立榜样人物的正面影响有以下三种:

(1)对于榜样人物是一种激励。他们的成就得到了组织的认可,他们先前积累的职场优势将爆发出更大的能量，对企业的忠诚度与日俱增。

（2）产生示范作用。榜样人物的思想与行为会成为其他员工言行的准绳，企业文化是一种无形的组织规范，榜样人物作为企业文化的体现者，把不容易感知的企业文化通过工作中的行为诠释出来，使员工加深对于企业文化的认知。

（3）增加企业的内聚力。榜样人物来自员工内部，员工之间的认同与敬佩易于使整个企业同心同德，形成强大的合力。

不过，管理者在公司内部树立榜样的时候一定要避免光环化，不要不加辨别地全盘认可榜样人物的所有行为，以致其他同事会机械地模仿榜样人物，只是亦步亦趋地学到了榜样人物不被组织所提倡的那些行为。

从员工角度阐述公司目标，可以获得认同和支持

美国联邦调查局的电话铃响了。

"你好，是联邦调查局吗？"

"是的，有什么事吗？"警方问。

"我打电话举报邻居汤姆。他把大麻藏在自家的木柴中。"告发者说。

"我们会调查的。"联邦调查局特工说。

第二天,联邦调查局人员去了汤姆家。他们搜查了放木柴的棚子,劈开了每一块木柴,然而并没有发现大麻,他们狠狠地把汤姆骂了一顿后走了。

警察刚刚走后,汤姆家的电话响了。

"喂,汤姆!联邦调查局的人帮你劈柴了吗?"

"劈了。"汤姆答道。

"好,现在该你打电话了。我家的花园要翻土。"

不得不佩服两个邻居的高智商,虽然谋算的是自己的私利,却从警察工作职责的角度出发,使美国警察不经意地掉进了他们的陷阱。管理者在激励员工工作时,如果能站在员工的角度阐述工作目标和完成工作对于员工的意义,则不仅减少了组织目标与个人目标的对立,还会使员工在工作时情愿得多。

企业的根本使命在于赚取源源不断的利润,然后走上规模化发展之路。为了实现这个使命,企业将组织发展所需要的人才招聘到公司内部,集合他们的力量去实现公司的愿景。虽然,从表面上看,统摄在共同的组织规范下,员工与企业有着共同的目标,但是从员工心理的角度解读,公司目标与员工个人的目标并不完全等同,甚至有时候两者之间会发生背离与冲突。比如,企业为了获得更多的竞争优势,一段时间致力于消减开支,减少员工的福利,员工内心便会很抵触这项举措,因为他们希望追求更好的福利,意欲在组织实现个人利益的最大化。

再比如，企业想招聘优秀的人才加盟企业，对于企业的未来发展而言，这自然是好的策略，但是对于企业的既有员工而言，他们则往往不太欢迎那些优秀人物的加盟，因为这会对他们目前的公司地位造成一定威胁。

因此，管理者在激励下属时，把企业目标一揽子推销给下属，总是让下属对企业目标做出承诺，往往并不能使员工发自内心地为企业目标的实现而努力，因为他们并没有感到自己是目标实现的受益者。如果管理者能从下属的角度出发，按照员工个人利益的逻辑去阐述公司的目标，也许更能使员工主动自发地努力工作。

企业与员工的关系本来就是一种互惠互利的合作，企业目标与员工个人的目标并不具有绝对的排斥性，两者往往是同一种利益的两种不同表达方式，因为企业与员工始终是一种唇齿相依的关系。

因此，管理者在动员员工的时候，不要总用这样的言辞："为了使公司年创利润多少""我们要远远超越我们的竞争对手""我们要力争把公司发展为行业第一"等。可以变化为"你们将会是最优秀公司的最优秀的员工""你们即将获得的是年薪20万元的薪酬""你们将会从这里成长为行业的精英"等。

运用后一种表达方式时，管理者始终强调员工在企业目标实现后的受益，将员工的利益紧紧牵系在公司的发展前景上，由于员工能从公司的愿景中看到自己的获益，因而他们能自觉地认同公司目标，并且以为个人而奋斗的信念去争取企业目标的实现。

合作共赢，与员工分享利润

一位顾客兴奋地从宠物店走出来，他对于刚刚买到的鹦鹉爱不释手。因为这只鹦鹉既会背诵莎士比亚的《十四行诗》，又会模仿歌剧演员吟诵希腊的《荷马史诗》，而买这只鹦鹉他只花了600元。

然而，顾客把鹦鹉带回家后，鹦鹉的嘴里竟发不出一个音符来，顾客试了各种方法让鹦鹉说话，但是鹦鹉始终不能发出一个完整的音节。尝试3周后，鹦鹉始终不肯开口说话，顾客气冲冲地找到了店主，要求老板退货。店主说："你买它的时候，我们俩都看到它既会背诗又会歌唱，可现在它什么都不会了，你让我把它收回我也很赔本啊！不过，出于良心，我可以返还你100元。"

顾客只能认倒霉了，他拿着100元钱丢下了鹦鹉。就在他走出店门的瞬间，他听到鹦鹉对店主说："别忘了，有250元归我。"

在这个商业诈骗中，店主与鹦鹉互为依托，两者共同分享利润，平均分配利润的合作契约使鹦鹉甘愿配合店主的诈骗方案，从而实现两者共赢。企业经营者或许可以从中获得一些启示，员工的努力程度与他们所分享到的企业利润成正比。

在企业生产关系中，企业提供资金、场地、支持性资源和企业未来发展的方向，员工提供体力劳动和智力活动。虽然企业作为资产的拥有者，往往显得更强势一些，对员工拥有更大的选择空间。但是究其根本，企业与员工始终是一种合作共赢的关系，不论脱离了任何一方，企业的未来愿景都将成为空中楼阁，员工也会失去生存与发展的保障。既然是合作共赢的关系，员工为了企业能够获得利润而加班加点，当企业的销售收入大幅增加后，如果员工无法按比例分享这份利润，他们在与企业的合作中便倾向于表现出惰性，不愿意再像从前一样投入。

试想，一个工作团队经过连续三天的日夜不分的加班后，终于为客户提供了满意的市场营销方案，并且这项合作使企业获得了高额的利润。但是当合约的事情尘埃落定后，企业经营者只是简单地对团队成员以慰问的口吻说了句"辛苦了"，没有对员工进行任何物质奖励，那么可想而知，当再遇到类似的工作挑战时，员工便不会像现在这样拼命。因为，虽然员工知道他们即使如此拼命，也享受不到任何好处，这种结果便背离了人的行为价值趋向，他们自然不愿为了别人的收成而肝脑涂地。

因此，企业经营者应该有论功行赏的意识，所制定的薪酬制度应该使员工的收入与贡献紧密挂钩，当公司业绩表现良好时，以分配红利的方式奖励员工。在日常的工作细节中，如果一个工作团队长期进行的项目终于获得成功时，经营者应该对其进行一定的奖励：

或者为其发放奖金，或者准予其额外的假期，即使物质奖励无法实现的话，也应该以聚餐的方式慰问员工。这至少说明，经营者看到了员工对企业的价值，工作团队前一段时间的工作得到了经营者的充分认可。从一定程度上，这也是员工从精神层面分享企业利润的一种方式。

Part

08

请给我结果

绩效考核背后的行为心理学

当员工要求加薪时,要和他谈绩效

员工:"经理,我能不能请求您,研究一下给我增加工资的问题呢?不久前我结婚了……"

经理:"非常抱歉,我们不能承担业余时间所发生的不幸事件。"

员工提出加薪的要求本来无可厚非,但在要求加薪的时候,首先要提供一个能够说服上级的理由。

关于是否为员工加薪,某些人性化的企业确实会考虑员工的实际生活需求,但加薪的标准应该更多地根据绩效考核的结果而定,如果员工能从绩效的方面陈述加薪或者晋升的要求,一般会增大与企业谈判时胜算的机会。

绩效考核,又称成绩或成果测评,是企业为了实现生产经营目的,运用特定的标准和指标,采取科学的方法,对承担生产经营过程及结果的各级管理人员完成指定任务的工作实绩和由此带来的诸多效果做出价值判断的过程。

绩效考核起源于西方国家文官（公务员）制度，英国是最早的践行者。英国在实行文官制度的初期，文官主要凭借资历而晋级，造成了不论工作优劣，所有人都一起晋级加薪的局面，结果导致政府部门冗员充斥、效率低下。1854—1870年，英国对文官制度进行了改革，建立了一种注重才能与工作表现的制度。按照这种制度，文官统一实行按年度逐人逐项进行考核的方法，根据考核结果的优劣，实施奖惩与否和职位的升降。考核制度的实行，充分调动了英国文官的积极性，从而大大提高了政府行政管理的科学性，增强了政府的廉洁与效能。此后，这种制度渐渐波及其他国家。美国于1887年正式建立了考核制度，很多国家对英国的考核制度进行了效仿和借鉴，不久，各种各样的文官考核制度遍地开花，极大地提高了政府的效能。各个国家实行的考核制度有一个共同特征：把工作实绩作为考核的最重要的内容，同时对德、能、勤、绩进行全面考察，然后根据工作实绩的优劣决定公务员的奖惩和晋升。

文官制度的成功实施，使得一些企业也将其应用在日常的管理活动中，开始在企业内部实行绩效考核，试图通过考核对员工的表现和实绩进行实事求是的评价，同时，也要了解组织成员的能力和工作适应性等方面的情况，并作为奖惩、培训、辞退、职务任用与升降等实施的基础与依据。

考核之前,要让员工知晓绩效目标

一个黑人行走在茫茫的沙漠之中,由于迷路多日,他准备的水早已一滴不剩,口干舌燥地行将渴死。就在生与死的边缘,他幸运地捡到了一个神灯,他有气无力地搓揉着神灯,片刻之后,他的眼前便出现了一个形状怪异的灯神。

灯神感恩戴德地对他说:"主人,我在这灯中囚禁了千年,幸亏遇到你,我才逃了出来,为了报答你的恩德,我可以满足你3个愿望。"

濒死的黑人突然恢复了精神,他迫不及待地许愿:"第一,我希望每天都有水喝;第二,我希望自己能每天待在家里,不用东奔西走;第三,我希望每天都能看到女人的屁股。"

黑人说完他的三个愿望后,只听见"轰轰"的一声巨响,黑人摇身变为了一座马桶!

虽然变身为马桶完全匹配黑人的三个愿望,但是,这肯定不是黑人在许愿之时所构想的梦想图景。因为目标阐述得不明确,此时的黑人只能祈祷灯神再额外赠给他第四个梦想了。

绩效目标即绩效考核目标，指评估者向被评估者提供所需要的评价标准，以便客观地讨论、监督、衡量绩效。绩效目标，是对员工在绩效考核期间的工作任务和工作要求所做的界定，是对员工进行绩效考核的参照系。因此，管理者是否能明白无误地把绩效目标传达给员工，对于有效的绩效管理起着十分重要的作用。员工只有明确知道组织对自己所定的绩效目标，才能减少甚至避免管理者与下属之间对绩效结果的误解，使员工明确自己在完成对组织有意义的事情时的角色，并且有助于员工以绩效目标为准绳，对自己的工作进展进行有效的自我监控。

虽然绩效目标是有效绩效评估的基础，但是管理者在把绩效目标传达给下属的时候，往往像笑话中的黑人一样，自以为已经将目标表述清楚，但由于缺乏具体的事实与数字，使另一方产生了误解。为此，管理者所描述的绩效目标应包括清晰的绩效内容和绩效标准，详述如下：

（1）绩效内容是对员工工作任务的界定，由绩效项目和绩效指标所构成。绩效项目，是指从哪些方面对员工的绩效进行考核，在现实的绩效评估中，绩效项目一般有三项内容：工作业绩、工作能力和工作态度。绩效指标是每个绩效项目的具体内容，对工作能力的考核须从如下几个目标下手：分析判断能力、沟通协调能力、组织指挥能力、开拓创新能力、公共关系能力以及决策行动能力等。工作业绩的大小则要从数量、质量、成本和时间四个方面进行考虑。至于工作能力和工作态度，具体的指标应根据职位来确定。

（2）绩效标准是指与其相对应的每项目标任务应达到的绩效要求。也就是说，对于绩效内容界定的事情，员工应当怎样来做或者做到什么样的程度。

"完成任务"的目标，小心被置换

在课堂上，老师给学生们讲了一个故事：三只狼追赶一只土拨鼠，土拨鼠疯狂地奔跑着。就在三只狼就要追到土拨鼠的时候，正好前面有一个树洞，土拨鼠"哧溜"钻了进去。这棵树只有这一个洞，三只狼便守在洞外，等着土拨鼠出来。过了一会儿，突然从树洞里跑出了一只兔子，兔子爬上了树，不小心脚一滑，从树上掉了下来，砸晕了三只狼。最后，兔子获救了。

下面的学生开始议论纷纷："从哪里跑出来一只兔子？""兔子怎么可能会爬树？""兔子怎么可能一下子砸晕三只狼？……"

最后，老师在讲台上叹了口气说："你们都没有找到重点，因为没有一个人提到土拨鼠去哪儿了。"

员工在实现绩效目标的过程中，努力的方向偏离了目标的要求，导致的后果是:既定的目标被"狸猫换太子",一直为之努力的目标却难以贡献于企业的发展目标。

组织的一切活动都是围绕着既定目标而展开和进行的,但在管理实践中达不成或只达成部分既定目标的情况却比较多,原因是多种多样的,其中,"目标置换"是比较普遍和典型的一种。美国管理学家约翰·卡那提出过"目标置换效应",他认为:对于如何完成工作的关切,致使渐渐地让方法、技巧、程序的问题占据了一个人的心思,反而忽略了整个目标的追求。据他做过的一项调查显示,在影响目标达成的所有因素中,"目标置换"因素占了67%以上。

绩效目标的实现是组织对于员工的期望,是员工内在价值的外部化。然而,员工在追求绩效目标的过程中,常常会出现"目标置换效应","工作如何完成"逐渐代替了"工作完成了没有"。究其原因,目标偏离的发生既有客观因素,也有主观因素。比如客观上,管理者没有把明确的目标传达给下属,使员工对数量、质量、时限、标准等元素缺乏清晰的认识,以致目标缺乏方向感,使员工不知道何去何从;或者管理者所订立的目标实现周期过长,随着时间的推移和环境的改变,达成目标的现实条件逐渐丧失,如果目标执行的过程中出现了不可预料的事件,也会分散员工的精力和注意力,真正的目标却被置之脑后。反映在主观上,员工对目标的理解出现偏差或者信息意识淡薄,都会无意识地使自己的行为偏离了既定目标,并且因为得不到负反馈而及时调整和纠偏。

目标置换是实施目标过程中一种"偏差"行为和"错位"现象,

若不及时发现和矫正，必然影响目标的达成。关于如何防止绩效目标置换，有下面三个小"处方"：

（1）设置科学的绩效考核指标、绩效目标、评分标准。除了以职位要求、组织要求为考核标准设置指标外，还要充分考虑到组织及员工所具备的资源条件，确保目标制定的意义。评分标准根据实际情况选用不同的方法，不要一味追求量化而扭曲某些绩效衡量标准。

（2）对绩效实现的过程进行定期监控。员工在执行绩效目标的过程中，管理者要定期询问相关情况，随时关注达成的进度及相关因素的表现，及时跟进或纠正偏差。

（3）加强绩效沟通。考核表是绩效管理的载体之一，但不能替代直接沟通过程中对真正绩效目标的传达。管理者应主动与下属进行面谈，向下属说明指标设置的用意及执行的要求。绩效沟通能够有效地避免或化解绩效目标置换。

360度绩效评估，有助于员工矫正行为

一个英国人、一个法国人、一个苏联人共同来到了一个画展厅，他们同时站到了一幅画作面前。画作的内容为伊甸园里的亚当和夏娃。

"他们肯定是英国人，"英国人若有所思地分析道："这

个女人只有一个苹果,却送给那个男人吃。"

"不,我不这么认为",法国人摇了摇头:"他们一起裸体吃苹果,他们一定是法国人。"

"他们肯定是苏联人",苏联人不容置疑地说:"他们没有衣服穿,也没什么东西吃,却仍然很快乐。"

横看成岭侧成峰,对于同一个事物,选取的角度不同,所看到的风景各有千秋。

绩效评估的结果常常涉及员工的薪酬调整、奖金发放及职务升降等诸多切身的利益,因此,绩效评估可谓是绩效考核体系的关键环节。然而,虽然客观标准的科学化有助于评估结果的公平化,但是主观标准的"不唯一",常常使员工对绩效评估的结果表现出较大的争议。

360度绩效评估的方法,则尽可能地规避了主观标准"不唯一"的弊端,它强调员工自己、上司、部门主管、同事甚至顾客等全方位地从各个角度来了解个人的绩效,通过这种绩效评估方法,被评估者不仅可以从自己、上司、部属、同事甚至顾客处获得多角度的反馈,也可从这些不同的反馈中清楚地知道自己工作中的不足、长处及今后的发展需求,为自己职业的顺畅发展提供了多重指导。因此,360度绩效评估又称为"360度绩效反馈"或"全方位评估"。

虽然绩效评估的结果是员工的薪资调整和晋升与否的参考依据,不过,绩效评估的作用并不仅仅如此。绩效评估并不只是为员工论功行赏的手段，它更多的是为了发现员工的潜能，使员工的能力得到更好的发挥和提高。

360度绩效评估遵从绩效评估的大部分使命，这种评估方法最重要的价值并不在于评估本身，而是在于员工能力开发方面。其价值主要体现在如下两个方面：

（1）帮助员工提高对于自我的洞察力，通过评估结果，使员工清楚地知道到自己的长处与短处，从而制订有针对性的长、短期职业发展计划。

（2）激励员工改进自己的失当行为，尤其当360度评绩效评估与个人发展计划结合起来时，更有助于员工矫正自己的不当行为。

不过，由于360度绩效评估涉及的评价主体较多，他们与被评估者关系复杂、利益牵扯不清，因此，如果简单地把360度绩效评估用做评估目的，也会为企业的发展带来一些负面影响，比如，加深人际关系矛盾；耗费较多的企业资源；不利于人力资源部门正常效用的发挥等。

警惕恶魔效应，它会让你有失偏颇

一位心理学教授到一家疯人院考察以了解疯子的生活状态。一天的考察结束后，这些疯疯癫癫的人给教授留下了深刻的印象，可谓是大开眼界。

教授在准备返回的时候,发现自己的车胎被人拆掉了,愤愤地想:"一定是哪个疯子干的!"生气之余,教授只能无奈地动手将备胎安装上。然而,拆下车胎的人竟然将螺钉也拧掉了,教授一筹莫展。正在他着急万分的时候,一个疯子跑了过来,他发现了困境中的教授,便停下来问发生了什么事。

教授本来懒得答理这个疯子,但是出于礼貌,还是把状况告诉了他。

疯子很轻松地说:"我知道该怎么办!"说完,他便从其他三个轮胎上各拆下了一个螺钉,用三个螺钉将备胎装了上去。

教授非常感激,他好奇地问疯子:"请问,你是怎么想到这个办法的?"

疯子很认真地说道:"我是疯子,可是我不是傻瓜啊!"

疯子不一定是傻子,然而教授所产生的关于疯子的认知,使两者划上了等号,这在心理学上叫恶魔效应。

恶魔效应是"爱屋及乌"的反例,是指由于对人的某一品质或对物品的某一特性有坏的印象,会使人对这个人的其他品质或这一物品的其他特性的评价也偏低。这是与"光环效应"相反的认知偏向。当评价者对一个人进行评价时,如果评价者对被评者的某一品质特征持有强烈、清晰的不良感知和印象,便会由点及面地对被评者的其他品质给予否定性、妖魔化的评价。

　　管理者在进行绩效考核时，很容易受到恶魔效应的蛊惑。如果管理者对某个员工没有好感，员工的某些行为不符合管理者价值观中"好"的标准，管理者便容易忽略员工的其他优质特征而对员工做出较低评价。比如某个员工着衣随便，管理者便认为其缺乏严谨的工作作风；看见某个员工经常出入酒吧之地，就认为其缺乏职场进取心。在恶魔效应影响下做出的结论往往是偏颇的，就不会对员工做出全面的评价。因此，管理者在评价时，应抛弃个人的好恶，将关注点放在"工作完成得如何"上，而不是"员工是一个什么样的人"上；管理者还应该多参考来自其他人员的意见，询问他们对被评者的意见，避免出现"恶之欲其死"的心理现象。

个人的主观偏见，会加重绩效考核的误差

　　在飞机上，一个年轻人和一位老人并排坐着。

　　"请问，现在几点钟？"年轻人问。

　　老人回答说："我不能告诉你，我要是告诉你现在几点钟，你就会向我表示感谢。这样，话匣子一打开，就不容易收场了。再过一会儿，我们就会一道下飞机。在机场上，你又会请我进咖啡馆，我也会请你到我家去做客。我家里有一个小女儿，她长得很漂亮。于是你就会爱上

了她,她也会爱上你,于是你们就会决定结婚。可是,你要知道,我决不会把女儿嫁给一个连手表都没有的穷光蛋。"

飞机偶遇,老人单凭年轻人询问时间的事实,便联想到自己不会把女儿嫁给一个穷光蛋。老人的诸多想象均带有严重的个人主观偏见意识。在绩效考核的过程中,考评者的个人主观偏见常常会影响考核结果的客观性。

在绩效考核的过程中,由于考核者的主观思维意识,常常会使绩效考核的结果出现一些误差。一般而言,绩效考核的误差有如下几种:

1. 考评指标理解误差

由于考评者对考评指标的理解存在差异,他们对于不同的指标有不同的判断标准,导致考评出现误差。比如,对于同一个员工,某一个考评者对其工作表现判断为"优",另一个考评者则认为是"合格"。为了避免这种误差,可以通过以下三种措施来纠错:

(1) 修改考评内容,让考评内容更加明晰,尽可能量化考评内容;

(2) 避免让不同的考评者对相同职务的员工进行考评,尽可能让同一名考评者进行考评,员工之间的考评结果就具有了可比性;

(3) 避免对不同职务的员工考评结果进行比较,由于不同职务的考评者不同,自然难以对员工做出准确评价。

2. 光环效应误差

当某一个人有一个显著优点时，人们会误以为他在其他方面也同样优秀，这就是光环效应。在考评中常会发现光环效应，比如，被考评者工作非常积极主动，考评人很可能误以为他的工作业绩也同样优秀，从而给被考评人较高的评价。在考评时，考评者应该对所有被考评者的同一项考评内容同时考评，而不要以人为单位进行考评，这样有助于防止光环效应。

3. 趋中误差

考评人倾向于将被考评人的考评结果放置在中间的位置，就会产生趋中误差。这主要是由于考评人害怕承担责任或对被考评人不熟悉所致。在考评前，对考评人员进行必要的绩效考评培训，消除考评人的后顾之忧；同时，避免让对被考评者不熟悉的考评者进行考评，可以有效地防止趋中误差。

4. 近期误差

由于人们对最近发生的事情记忆深刻，而对以前发生的事情印象浅显，所以容易产生近期误差。考评人往往会用被考评人近一个月的表现来评判他一个季度的表现，从而产生误差。消除近期误差的最好方法是考评人每月进行一次当月考评记录，在每季度进行正式的考评时，参考月度考评记录来得出正确考评结果。

5. 个人偏见误差

考评人喜欢或不喜欢（熟悉或不熟悉）被考评人，都会对被考评人的考评结果产生影响。考评人往往会给自己喜欢（或熟悉）的人较高的评价，而对自己不喜欢（或不熟悉）的人给予较低的评价，这就是个人偏见误差。采取小组评价或员工互评的方法，可以有效地防止个人偏见误差。

6. 压力误差

当考评者知道本次考评的结果会与被考评者的薪酬或职务变更直接相关时，或者惧怕在考评沟通时受到被考评人的责难，鉴于上述压力，考评人便可能会做出偏高的考评。要解决压力误差，一方面要注意对考评结果的用途进行保密，另一方面在考评培训时让考评人掌握考评沟通的技巧。

7. 完美主义误差

考评者可能是一位完美主义者，他往往会放大被考评人的缺点，从而对被考评人给予较低的评价，从而造成了完美主义误差。解决该误差，首先，要向考评人讲明考评的原则和方法；另外，可以增加员工自评，与考评人的考评结果进行比较。如果差异过大，应该对该项考评进行认真的分析，看是否出现了完美主义错误。

8. 自我比较误差

考评者不自觉地将被考评者与自己进行比较，以自己作为衡量被考评者的标准，这样就会产生自我比较误差。解决办法是将考核内容和考核标准细化和明确，并要求考评人严格按照考评要求进行考评。

9. 盲点误差

考评者由于自己有某种缺点，而无法看出被考评者也有同样的缺点，这就造成了盲点误差。盲点误差的解决方法可参考自我比较误差的解决方法。

提供工作结果的反馈，会让人更关注结果

　　一个男孩给陈太太打电话——

"您需不需要割草？"

"不需要，我已经雇佣了割草工。"

"我会额外帮您拔掉花丛中的杂草。"

"我的割草工也做了。"

"我还会帮你把这些草与走道两边的草割齐。"

"我的割草工已经做了，谢谢你，我不需要新的割草工人。"

　　男孩挂断了电话，男孩的室友疑惑地问道："你不就是陈太太的那位割草工吗？为什么还要打这个电话？"男孩告诉他："我只是想知道我做得有多好！"

　　员工进行完一个阶段的工作后，往往并不知道自己的工作成效与工作方式是否得到了组织的认可，是否在某些地方需要进行一定的改善，来自组织和管理者的反馈会使员工获得了客观认识自己的机会，使他们知道未来该如何工作。

　　心理学家赫洛克做过一个关于反馈的著名实验，他将试验对象

分为四个组：第一组为激励组，每次工作后都对成员给以鼓励和表扬；第二组为受训组，每次工作后都对存在的问题严加批评和训斥；第三组为被忽视组，工作结束后不给以任何评价，他们只是听着其他两组或受表扬或受批评；第四组为控制组，他们与前三组完全隔离，每次工作后不给予任何评价。

实验结果显示：最终成绩最差的为第四组；激励组和受训组的成绩则明显优于被忽视组；激励组的成绩得到了显著提升，学习积极性也高于受训组；受训组的成绩则有一些波动。这便是管理学中所说的反馈效应：如果及时地对活动效果进行评价，能强化活动动机，对工作起到促进作用。运用在绩效管理上，绩效反馈便是反馈效应承担者，它主要通过考核者与被考核者之间的沟通，就被考核者在考核周期内的绩效情况进行面谈，在肯定成绩的同时，找出工作中的不足并加以改进。绩效反馈的目的是：为了让员工了解自己在本绩效周期内的业绩是否达到所定的目标，行为态度是否合格，让管理者和员工双方达成对评估结果一致的看法；双方共同探讨绩效未合格的原因所在并制定绩效改进计划，同时，管理者要向员工传达组织的期望，双方对绩效周期的目标进行探讨，最终形成一个绩效合约。

由于绩效反馈是考核公正的基础，为提高被考核者的绩效提供了保证，同时，还有助于增强企业的竞争力。因此，管理者应及时与被评估者进行绩效面谈，让员工了解上个考核周期中的考核结果，以改进自己的工作效率。有的管理者不愿与员工进行绩效面谈，认为让员工得知自己的考核结果将会增加他们的心理压力。然而，如若员工对于自己的评估结果一无所知，利用绩效考核改进员工工作行为的目的便成了泡影。为了避免绩效面谈对员工所产生的负面心理影响，管理者在进行有效的绩效面谈时，可以参考如下4个方面的建议：

（1）面谈前做好充分的准备，了解员工的基本情况，确定面谈的目的，以备驾驭整个反馈面谈的过程。

（2）创造良好的面谈氛围，与面谈者建立融洽的关系，通过运用"我们"一类的措辞增进彼此的相互信任。

（3）一定要肯定员工的成绩，采用"三明治"的方法告诉员工绩效考核的结果。三明治的精髓浓缩在三个阶段中：先肯定员工的成绩，希望他们的优点在今后的工作中得到继承发扬；然而，指出他们工作中所存在的不足，顺便告知绩效考核结果；最后，说一些鼓励的话，表示对其充满信心，希望被考核者再接再厉。

（4）对事不对人，面谈的过程中强调事实，尽量避免主观评价。避免高高在上的训导，最好不要使用类似于"你应该如何"和"你不应该如何"的句子，而是侧重思想、经验的分享，多用这样的措辞"我当时是这样做的……"。

绩效沟通时，如何创造出和谐氛围

一个 80 岁的老人去做健康检查。在检查的过程中，老人不断地向医生炫耀他新婚的妻子真是一位难得的好妻子："我们结婚 4 个月，你知道她对我有多忠贞？她无时无刻不需要我，黏得我都感到厌烦了！"

"而且，"老人又说："她最近还怀孕了，没想到我在 80 岁的时候还能享受做父亲的感觉！"

医生静静地听着，不发一言。

"你一定很羡慕我吧？"老人得意洋洋地问道。

医生抬起头，看了老人一眼。

"这让我想起了一位失散多年的朋友。"医生缓缓开了口，"他曾经跟我说起过他在非洲狩猎时的一段奇事。有一天，他在草原上遇到了一头狮子，他立刻准备从背上摘下枪来瞄准，然而他突然想起自己根本没有带枪，他只是拿到了一把雨伞。这时，狮子已经站在了他的面前，眼看着就要扑过来。他灵机一动，把雨伞扛上肩，用尽全身的力气大喊三声'砰！砰！砰！'。"

"后来怎么样？"老人急问道。

"后来狮子竟然倒下了，死了。"

"这怎么可能?"老人大叫,"那一定是别人干的!"

"我也这么想。"医生低沉着声音说。

管理者在与下属沟通的时候,如何能在开口的头几分钟内就创造和谐的沟通氛围,对于是否能达到预想的沟通效果起着决定性影响。

绩效沟通是绩效管理的核心,是指考核者与被考核者就绩效考评反映出的问题,以及考核机制本身存在的问题展开的实质性面谈,并着力于寻求应对之策,这服务于后一阶段企业与员工绩效改善和提高的一种管理方法。企业的绩效管理如果缺乏了有效的绩效沟通,那么,企业的绩效管理就不能称为有效的绩效管理,至少在某种程度上讲是不完整的绩效管理。由于员工常常对绩效考核存在偏见,认为这是企业用于整治员工的一种手段,考核的结果会对员工在企业的地位造成威胁。因此,当得知管理者要与自己进行绩效沟通时,员工常常持有不情愿的态度,像面对灾难一样产生抵触感,他们不愿意接受管理者的信息,以防御的心理倾听管理者的讲话,甚至琢磨着该如何反驳管理者的判断。如果秉持这样的心理,沟通便成了一个对抗与反对抗的过程,双方难以实现真心实意的和谐交流。关于如何改善沟通的效果,欧弗斯托原则为管理者提供了有益的借鉴。该法则由英国心理学家 E·S·欧弗斯托所提出,他认为,说服一个人的时候,开头就让他不反对,实在是要紧不过的事。

管理者在与员工进行绩效沟通前,应该有一个感情互动的过程,管理者应以员工的利益为立足点，向他们阐述这样一种意识：绩效考核并不是企业监控员工一种的手段，考核的目的是为了提升企业整体的业绩，企业只是以负责的意识谋求员工自身职业生涯的发展，在考核的过程中，员工被视为企业的资源，企业致力于员工能力的深度发掘和培训，借助考核结果，通过实施一些修正措施使其达到增值的目的。管理者便是这个任务的执行者，在沟通时，他并不是以企业代言人的身份对员工进行核查、质询和评价，而是针对员工如何改进自己的工作行为，与其进行交谈与协商。

增加预热的步骤有助于平复员工的抵触情绪，当员工的情绪与管理者产生共鸣后，在随后的沟通过程中，便能够减少沟通的障碍，使员工自发地进入倾听与交流的情境。

表面信息，无法让人明白管理的真实用意

约翰发生了交通意外，医生为他的腿打好石膏后，特意嘱咐他："一定不要拆掉石膏，一定不要下楼梯。"

3个星期后，医生到约翰家为他复诊，约翰问医生："我什么时候才能下楼梯？"

"难道你非要下楼梯吗？"

"是啊，您不知道，这3个星期爬下水道把我累坏了。"

如果管理者只是泛泛地告诉员工表面信息，而没有告诉他表面信息所传达的真正用意，员工很可能只接受了表面信息，却无法明白管理者的真正用意。

绩效沟通是绩效管理的核心，是指考核者与被考核者就绩效考评反映出的问题，以及考核机制本身存在的问题展开的实质性面谈，双方积极地寻求应对之策，力争通过改良使企业与员工的绩效得到改善和提高。妥善有效的绩效沟通有助于帮助员工优化后一阶段的工作绩效，提高他们的工作满意度，从而达到推动企业整体战略目标的实现。然而，由于绩效沟通常常涉及员工工作中一些不太完善的地方，在沟通时很可能引起员工的内心不快，管理者便没有给予绩效沟通应有的重视，有时候只是泛泛而谈，做一些表面文章后，便匆匆结束了绩效面谈。比如，在与员工就绩效考核的结果沟通时，管理者只是泛泛地说一句："你前一段时间工作表现很好，但仍努力不够，还有很大的发挥空间，公司很看重你，今后要更加努力啊！"上面的交谈几乎就是无效的绩效沟通。因为，员工无法从沟通中获知自己工作中存在的真正问题，也不知道自己的欠缺是来自工作能力方面还是来自工作态度方面，对于今后该如何改进也模糊不清。如果管理者能针对性地指出员工在工作的及时性方面需要改善，员工才能知道是自己的工作效率出了问题，才会通过一些途径去改善这个问题。

在进行绩效沟通前，管理者应先全面解读绩效考核结果，只有认真全面地解读了绩效考评结果，管理者才能在绩效面谈时触及沟通的实质问题，使绩效考核结果发挥出改进员工行为的效果。解读绩效考核结果需要明确如下四个问题的答案：

（1）员工应该做什么；

（2）员工已经做了什么；

（3）员工为什么会得到这样的考核结果；

（4）员工应该朝什么方向改进。

完成上述步骤后，管理者在面谈时才能有的放矢，使员工真正知道自己的哪些行为得到了组织的肯定，哪些方面还需要改善，以绩效考核结果所反映出的信息为参考标准，进而修正今后的工作细节。

对低绩效员工，不宜心慈手软

一架拖车行走在高速公路上，车上载着一条狗、一头猪和一匹马。

不久，拖车失控，被撞翻在地，狗、猪、马和司机同时被抛出了拖车。一会儿，一个警察赶到，他首先看见了那条狗，摇摇头说："脖子断了，太可怜了。"于是掏出枪把它杀死了。接着他又见到了那头猪，见到猪的脊梁骨都碎了，又掏出枪把它杀了。尔后，他又见到了那匹马，看着马的四条腿骨头都折断露了出来，摇摇头又把马杀了。这一切都被司机看得真真切切。最后，警察发现了司机，走过去，问："你觉得怎样了？"只见司机强撑着站起来说："我从来没有觉得如此的好。"

警察杀死动物的行为确实残忍，但是面对组织中的低绩效员工，管理者却需要具备警察魄力：当绩效低的员工无法在管理者的指导下改正工作行为时，管理者即使心有不忍，也只能对其实施解雇。这不仅有助于提升公司的人力资源素质，还会使其他的员工引以为诫，避免了员工的怠工行为。

一个非常遗憾的事实是，组织中总会存在一些低绩效员工，他们无法履行职能范围内的义务，不能按照组织的要求按质按量完成自己的工作，他们的表现既削弱了团队的实力，糟糕的表现也使客户对公司产生不好的印象。面对这些员工，虽然深知他们拖了组织的后腿，但管理者往往容易表现出心慈手软，不敢就绩效问题与他们进行沟通。但是组织作为一个系统，某一个环节的缺失都会导致系统运转的失败。比如，某个员工在客户服务方面能力欠佳，结果正好一个重要客户是由这位员工接待的，其结果可想而知，客户因为这个员工而迁怒于整个公司，从而放弃了与公司的合作。因此，管理者对绩效低的员工心慈手软，往往会后患无穷。

当然，明白地告诉某一个员工，他的工作表现达不到组织的要求是一件尴尬的事情，很可能造成员工的心理压力，使员工产生被组织驱逐的心理。但事实是，这确实是管理者的工作职责，如果想成为一个合格的管理者，这便是他避之不及的工作任务之一。管理者只有把员工的工作结果反馈给他，并提出组织明确的绩效期望值，才会使绩效低的员工改进自己的行为，不会成为实现组织绩效的逆反力量。

不过，对于绩效低的员工，解雇并不是唯一的解决方案。员工无法胜任目前的工作，并不意味着他不能有效地完成其他的工作，管理者可根据员工的能力与兴趣，为其进行部门调换。有时候低绩效的原因，并不在于员工的能力素质，而是组织把不合适的人才安排在了错误的工作岗位上。

如果管理者多次就低绩效问题与员工进行了沟通，并对他如何改进自己的行为提出了指导性意见，但员工仍然一意孤行，对管理者的建议置若罔闻，甚至产生抵触情绪，管理者只能执行下下之策：解雇绩效低的员工。因为绩效低的员工的如此表现，不仅使他自身的工作无法有效完成，还会使其他员工产生不公平的心理，影响他们的工作积极性。

管理行为确实有时候会比较残酷，但"以结果为导向"的考核理念注定了这种竞争规则：企业作为营利性机构，只能对那些绩效低的、无法与组织目标一致的员工说："不"！

Part

09

金钱的能与不能
薪酬背后的行为心理学

全面薪酬，"外在"奖励与"内在"奖励相结合

一家知名公司招聘，一位毕业生前去应聘。

面试快结束的时候，老板问毕业生："你想要什么样的薪酬待遇？"

毕业生充满畅想地说："我希望一个月薪水10万，每年有1个月公费海外培训的机会，半年在瑞士的分公司，半年在法国的分公司，因为我喜欢这两个国家的风土人情。"

老板说："我一个月给你20万薪水，一年有2个月公费让你海外培训，公司的分公司你随便选。"

毕业生惊讶地说："不会吧，条件这么优越？您该不会跟我开玩笑吧！"

老板说："是你先跟我开玩笑的！"

毕业生除了对薪酬提出要求外，还希望获得很好的培训机会，并对工作环境给予了格外重视，由此可见，单纯满足员工物质性要

求所产生的激励效果是有限的。

全面薪酬战略是目前发达国家普遍推行的一种薪酬支付方式，它源自20世纪80年代中期的美国。当时美国公司处在结构大调整时期，许多公司都渐渐放弃了相对稳定的、基于岗位的薪酬战略，而采取了相对浮动的、基于绩效的薪酬战略，使薪酬福利与绩效紧密挂钩。

采取全面薪酬战略后，公司把支付给受聘者的薪酬分为"外在"和"内在"两大类。"外在"的奖励，主要是指为受聘者提供的可量化的货币性价值，比如：基本工资、奖金等短期激励薪酬；股票期权等长期奖励薪酬；失业保险、医疗保险等货币性的福利；以及公司支付的其他各种货币性的开支，如住房津贴、俱乐部成员卡、公司配车等。"内在"的奖励，则是指那些给员工提供的不能以量化的货币形式表现的各种奖励价值，比如：对工作的满意度；为完成工作而提供的各种顺手的工具（如好的计算机）；培训的机会；提高个人名望的机会（如为著名大公司工作）；吸引人的公司文化；相互配合的工作环境；以及公司对个人的表彰、谢意等。"外在"奖励与"内在"奖励相结合，被称为"全面薪酬"。

全面薪酬管理关注企业的经营，体现了组织价值观、绩效期望和绩效标准，会对与组织目标保持一致的结果和行为给予报酬，使那些绩效优异的人得到较高的经济回报；绩效不佳者因为难以获得高的经济回报，便会被诱导离开组织。全面薪酬战略摒弃了原有的级别体系和官僚结构，以客户满意度为中心，鼓励创新精神和持续的绩效改进，并对娴熟的专业技能提供奖励，从而在员工和企业之间营造出一种双赢的激励氛围。因此，关注绩效而不是等级秩序，是全面薪酬战略的一个最重要的特征。

高素质员工为什么会被低素质员工淘汰

在一次战争中，将军为了鼓舞士气，准备投身到前线去。在他起身的时候，前方的士兵向将军报告说："将军！前方20米的地方有一个狙击手，不过他的枪法太差，这几天开了很多枪，没有打死一个人。"

将军厉声道："既然发现狙击手，为什么不把他干掉？"

士兵说："将军！你疯了吗？难道你要他们换一个比较准的吗？"

当一个职位被安排了一个绩效相对低的员工时，便等于使绩效高的员工失去了发挥能力的机会，以致千里马老死于马厩之中。

格雷欣法则，即经济学中的劣币驱除良币规律，意为两种实际价值不同而名义价值相同的货币同时流通时，实际价值较高的货币即良币，必然退出流通领域——它们被收藏、熔化或被输出国外；而实际价值较低的货币即劣币，反而在市场上大行其道。在双本位货币制度的情况下，两种货币同时流通时，如果其中之一发生贬值，其实际价值相对低于另一种货币的价值，实际价值高于法定价值的"良币"将被普遍收藏起来，逐步从市场上消失，最终被驱逐出流通领域，而实际价值低于法定价值的"劣币"将在市场上泛滥成灾。"良币"的实际价值虽高于"劣币"，但在市场中却享有同样的法定价值，自然会促使"良币"去实现更符合其实际价值的功用，导致"劣币"成为流通的主体。

格雷欣法则在现实世界的运行中具有普遍适应性，涉及企业管理领域，如果企业制定的薪酬制度不合理，也会导致低素质员工对高素质员工的"驱逐"，简述如下：

（1）在很多事业单位里，资历是决定薪酬的主要因素，很多高素质人才空降到事业单位后，薪酬远不如那些资质平庸的"前辈"，高素质人才便会认为自己没有受到单位的平等对待，以致抽身而去，徒剩下了一些素质较低的人才。

（2）企业追求平等主义，为所有员工制定了相差无几的薪酬，高素质员工也会心理失衡，因为他们认为与自己同列的人能力低于自己，反而享受着同样的待遇，自己看不到发展的前景，便选择离开组织。

（3）即使高素质人才的薪酬高于低素质人才的薪酬，但如果他们对企业的相对价值不成比例，也难以留下高素质人才。比如，甲为高素质员工，乙为低素质员工，甲对于企业的贡献是乙的五倍，薪酬却只是乙的两倍，高素质员工仍然无法产生公平感，会转而去寻求薪酬制度更公平的工作环境。

　　对于高素质员工而言，薪酬是自己成就大小的最好证明，他们注重自己在组织中的相对地位，通过薪酬的多寡来获得心理和外界的认同，公平感的缺失常常是他们离开组织的关键原因之一。对于企业而言，人才的流失便意味着企业失去了后续发展的支持力量，为此企业意欲将高素质人才留在企业内部，便要采取合理的薪酬制度，权衡按贡献定薪酬和按资历定薪酬的利弊，尽量在两种制度中找到一个平衡点，使低素质员工和高素质员工都对组织产生较高的满意度。

德西效应：重视外在报酬，兼顾内在报酬

　　一位犹太老人退休后生活在位于乡村的住所里，每天下午，一群小孩都跑到老人的住所外面，大声喊着："犹太佬！犹太佬！"接连几天后，老人走出了自己的住所，对孩子们说："我一个人住在这里很寂寞，幸亏有你们在这里，为了奖励你们，今天我付给你们每人50分，如果以后你们每天都来叫喊几声，我就继续付给你们每人50分。"孩子们拿着钱很高兴地答应了。

　　一周以后，老人和这群孩子商量："政府给我的退休金并不多，我现在没钱付给你们了，你们能答应我每天还

在我的住所外叫喊吗？""哼，不给钱，还想听我们叫喊，想得美！"孩子们摇着头跑开了。

从此以后，孩子们再也不在老人的住所外叫喊了。

叫喊本来是孩子们的乐趣，但聪明的犹太老人把叫喊与奖金关联后，叫喊便从孩子们的乐趣沦为了奖金的交换物。

德西是一名心理学家，他在1971年做过一项关于奖励的实验。他选择一些大学生为被试者，让他们在实验室里破解有趣的智力难题。实验分为三个阶段：第一阶段，所有的被试者都没有奖励；第二阶段，将被试者分为两组，实验组的被试者完成一个难题可得到1美元的报酬，而控制组的被试者没有任何报酬；第三阶段，被试者可以选择在原地自由活动，也可以选择继续解题。结果，受到奖励的实验组的人员在第二阶段十分努力，第三阶段则很少有人愿意继续解题，这表明兴趣与努力的程度在减弱；而没有奖励的控制组在第三阶段仍然愿意花更多的休息时间继续解题，表明兴趣与努力的程度在增强。

德西通过实验得出了一项结论：在某些情况下，如果人们可以同时获得内在报酬和外在报酬，不但不会增强工作动机，反而会降低工作动机——这便是"德西效应"。德西效应表明，进行一项愉快的活动（即内在报酬），如果外部提供物质奖励的话，反而会减少活动对参与者的吸引力。笑话中的孩子们的"无奖励便不叫喊"的做法，正是德西效应的现实体现。

德西效应对于管理学有着很大的启发意义，企业常常将薪酬、奖金及一系列评比活动作为激励员工的手段，然而，如果薪酬激励使用不当，反而会"南辕北辙"，减弱了员工工作的自发性。比如，得到高物质奖励的员工会认为自己只是为钱在工作，从而大大伤害了员工自发的忠诚和绩效。企业还常常会发生这样的状况，明明提高了员工的薪水，增加了奖金发放的力度，但是依然无法留下那些高素质的人才。究其根本，这是因为人们想从工作中得到的不仅仅是金钱，他们还在乎工作中的乐趣、自我在工作过程中的发展、所获得的培训的机会，以及和谐的人际关系等。

因此，企业在激励员工的时候要摆脱对于薪酬激励的倚仗，薪酬虽然是企业管人的一个有效硬件，但是薪酬并不具有绝对的激励优势，如果使用不好，可能会带来德西效应，不仅不能激励员工，反而造成负面影响。在IBM公司的绩效文化中，有一条众所周知的原则："加薪非必然。"虽然IBM的工资水平在外企中不是最高的，也不是最低的，但IBM有一个让所有员工坚信不疑的游戏规则："干得好加薪是必然的。"IBM薪酬政策的精神是通过有竞争力的策略，吸引和激励业绩表现优秀的员工继续在岗位上保持高水平。IBM注重将外在报酬和内在报酬相互挂钩以避免德西效应的产生，这种激励模式对于其他企业有很高的借鉴价值。

较低的薪水只能得到较差的劳动效果

有几个人很爱搞恶作剧,他们去一家饭馆吃饭的时候,总喜欢变着法地与店里一个看似木讷的侍者开玩笑。他们或者把茶壶里的水倒掉,谎称侍者一直没有送水来,或者在餐后藏起一个盘子,投诉侍者记错了账单,可是无论他们搞出什么花样,侍者从来不抱怨。

一天,这几个人吃完饭,付给侍者一笔小费,并且抱歉地说:"你真是个杰出的员工,我们以前多次跟你开玩笑,你也没有生气,从今以后,我们再也不那样做了。"

"谢谢!"侍者用习惯的、平静的语气说:"那我以后再也不在你们的咖啡里掺鞋油了!"

那几个爱搞恶作剧的人本以为自己一直是胜者,事实上,他们的恶作剧自然会招致侍者对他们的报复。在这个游戏里,他们都是恶作剧的受害者。同样道理,老板总是以为付给员工的薪水越低,公司的成本支出也越少,自己在与员工的博弈中也赢得越多;然而,事实并不完全如此,较低的薪水只能得到较差的劳动效果。

在企业经营中,企业支付给员工的薪水在企业总成本支出中占据着相当的比重,因此在经营者的盘算中,付给员工的薪水少一些,企业的成本支出相应的也会少一些，企业便能够获得更高的利润。然而，低薪的逻辑并不完全如此。因为，这种薪酬思维方式混淆了人工工资率与人工成本的区别，人工工资率是员工在单位时间内所获得的报酬，如每小时薪水为200元人民币便是人工工资率的表达方式；人工成本则是企业在生产经营中由投入劳动力要素所发生的一切费用，需要将生产率的因素考虑在内。因此，如果企业经营者付给员工的薪水的较低，薪水的数量达不到员工的期望，员工的士气便会降低，导致员工只提供少量的、低质的劳动成果，对经营利润的获得产生负面影响。

再者，较低的薪水还会导致企业吸引不到能力较强、技术专精的人才，因此企业不得不聘用了能力较低的员工，这自然会对劳动生产率的提高造成不利影响。因此，从根本上说，低薪策略非但没有使企业的人工成本降低，反而增加了人工成本的支出量。比如，企业拒绝了一位月薪要求为8000元的高技术人才，选择了一位月薪要求为5000元的技术不那么专精的人，从表面上看，虽然相较前者，雇佣后者节省了企业成本的支出，但是前者的劳动生产率是后者的两倍，完成同样的工作，企业需要雇佣两个月薪要求为5000元的人，由此来看，企业的人工成本非但没有减少，反而增加了。

1997年，摩托罗拉公司曾经在德国开设了一家生产移动电话的工厂，他们付给当地德国工人的工资高达30美元每小时，当时很多财经杂志都评论了摩托罗拉这一"失当"之举，指出摩托罗拉公司的"人工成本"太高了。其实，财经杂志也混淆了人工工资率与人工成本的区别，摩托罗拉之所以这么做，是因为德国工人能够产生更高的劳动生产率，公司的人工成本并不像传媒所说的那么高。

对于大多数人而言，获得薪水是工作的最主要原因，如果企业从成本的角度考虑，付给员工较低的薪水或者采取缩减薪水的策略，便会挫伤员工的工作积极性，使企业很难实现相对较高的组织绩效。低薪策略并不能为企业建立起长久有效的竞争优势，企业经营者在决定是否将更多的钱放进员工口袋前，首先应明白这样一个道理：关于薪酬的给予，重要的不是付给了员工多少薪水，而是员工能够为企业创造出什么。

薪水长期不变，会降低员工的工作积极性

"约翰，你怎么在上班时间喝酒，你知不知道这是违反公司制度的？"

"对不起，老板，我只是想纪念我最后一次加薪20周年。"

合理而有竞争性的薪酬制度能激发员工的积极性和主动性，促使员工努力实现组织的目标。如果员工的薪酬如死水一般长期不变，奖金也如海市蜃楼般难以触摸，将会增加员工的不满意度，降低他们的工作积极性。

企业制定合理而有竞争性的薪酬制度，可以使其变成强有效的激励员工的手段。一般而言，薪酬对于员工的激励主要体现在两个方面：第一个是绩效加薪，第二个是奖金的发放。所谓绩效加薪，就是在员工现有基本薪酬的基础上，参考市场薪酬水平，同时，主要根据员工的绩效评价结果（有时还要考虑员工所在部门的业绩及整个公司的业绩）来增加员工的基本薪酬的一种做法。奖金虽然也是与员工个人的绩效相关的现金奖励，但是奖金与绩效加薪的最大区别在于：绩效加薪会导致员工的基本薪酬不断增加；而奖金多属于一次性支付的性质，它不会改变员工的基本薪酬。

绩效加薪具有一种刚性特点，即使每次加薪的幅度不大，但是久而久之，也可能导致企业在不知不觉中将员工的基本薪酬提高到对成本构成较大压力的地步。此外，绩效加薪还会产生心理的惯性化，员工渐渐地把加薪看成一种理所当然的既得权利，而不是一种激励性的力量。因此，奖金的优势便突显了出来，它随机发放，是一种意外收入，常常能发挥较强的激励效果。而且频繁的小规模的奖励的激励效用常常大于大规模的奖励，因为不定期的奖励增加了员工惊喜的频度，自然激励的效果也更大。

全球知名企业IBM特别注重运用薪酬完善企业的激励机制，每到年初的时候，IBM的员工就非常关心自己的工资卡，因为去年的工作表现完全体现在自己的薪资涨幅中。IBM的薪金构成很复杂，但里面不会有学历工资和工龄工资，员工的薪金与岗位、职务、工作表现和工作业绩有直接关系，但与工作时间长短和学历高低没有必然联系。这种薪金管理模式最大化地达到了奖励进步、督促平庸的效果，逐渐被 IBM 发展成了高绩效文化。

薪酬保密制度，反而会让员工私下打听

一家公司实行工资保密制度，他们在员工的工资单上特别附加了这样一句话："你的工资是你的私事，请不要向其他人泄露。"

该公司来了名新职员，他在工资单上签名的时候写下了如下的话："我不会向任何人提起的，就像你们一样感到很害臊。"

在很多企业，员工的工资并不是同等的。企业为了避免薪酬差异所产生的心理落差，往往采取保密的方式发放，而且要求员工不能把自己的工资泄露给其他的员工。然而，薪酬保密制度是否真的有助于组织内部的和谐呢？

薪酬为员工满足物质生活提供了必要条件，也是员工获得自我认同和组织地位的一种外在证明，也正因此，使薪酬在激发员工工作热情方面起着不可小觑的作用。如果员工认为自己的努力与付出受到了组织公平的对待，他们便会更愿意为公司的发展而奋斗。然而根据"公平理论"的观点，员工内心的公平感并不由薪酬的绝对

值所决定，而是取决于薪酬的相对值，他们乐于把其他同事作为比较对象，如果他们认为一个同事能力不如自己、学历背景稍逊自己、对于公司的贡献也没有大于自己，公司支付给他的薪水却大于自己的所得，他们便会心生不平，对公司产生怨恨情绪。因此，很多企业索性把员工的薪酬视为不能说的秘密，企业刻意向员工隐瞒其他员工的薪资水平，也要求员工不要把自己的薪酬告诉他人，以此避免员工由于对比而产生不公平心理。

可是，心理学中有一个术语叫"禁果效应"，指的是越是禁止的东西人们越要得到手，这与人们的好奇心与逆反心理有关。薪酬作为组织内部的敏感话题，即使员工无法从正常渠道获知他人的薪酬，他们也会试图通过其他渠道积极打探，这反而助长了员工的好奇与窥探的心理，使员工彼此之间相互猜忌，导致公司内部关系紧张。倘若他们私下获知自己的薪资水平不如自己的同事，便更会心生不平，认为自己受到了公司领导的欺骗，以消极怠工的形式对公司的不公平制度默默反抗。由此可见，保密薪酬制度在实际执行的时候，总会无端地增加很多负面的影响，并不如管理者所料想的那样万无一失。

相较保密薪酬制度，公开发放薪酬增加了企业管理的透明度，将"多劳多得、少劳少得"的激励原则明确地传达给了企业所有的员工，使员工深知企业的薪酬制度，增加了员工对组织的信任感和忠诚度。同时，每一份工作都明码标价，也促使员工为了获得更高的薪水而积极地规划自己的职业生涯，间接地提高了员工的素质。

当然，公开发放薪酬也有无法避免的弊端，按照人的正常心理模式，人们总是惯于高估自己、低估他人，当员工对所有人的薪酬都心知肚明时，使薪酬对比变得更加容易，他们常常会觉得某一个员工不如自己却领取着较高的薪水，进而觉得自己没有得到真正的赏识与尊重。

由此可见，秘密发放薪酬与公开发放薪酬两者都不具有绝对的优势，按照"权变"的观点，管理者应根据企业的文化特征、团队的成员结构、员工的职务设计变通地采取不同的薪酬发放模式，将两者灵活地结合起来，比如，在组织内部并不公开每一个职员的具体薪金数额，而是公布不同数额范围内的职员人数及薪金的平均值。

金钱激励不是万能的，但没有金钱却万万不能

一个年轻人性格内向，他决定买一只能言善辩的鹦鹉陪他聊天。

宠物店的老板指着一只鹦鹉说："那只鹦鹉是我们店里最好的，它会说1000个词汇，会用50个常用短语，可以与人进行基本的聊天。"

年轻人对这只鹦鹉很满意，便把它买了下来。

第二天，年轻人来到了宠物店，向老板询问："那只鹦鹉到了家后一句话也不说，这是为什么？"

老板答道："这有点不正常，你买走的那只鹦鹉在我这里很喜欢玩玩具，要不你给它买几件喜欢的玩具放在笼子里。"年轻人又从店里买走了几件玩具。

两天后，年轻人又找到了店老板问："那只鹦鹉还是一句话不说啊，这到底是怎么回事？"老板说："我建议你给它买一个洗澡、戏水用的盆子，以前它只要在盆子里玩水，就变得特别活跃。"于是，年轻人又买了一个鹦鹉专用的小水盆。

又过了两天，年轻人垂头丧气地对老板说："那只鹦鹉到现在还是不肯说一句话。"老板似乎也被难住了，他尝试着说："这只鹦鹉特别喜欢别人夸奖他，以前我总是摇晃这个铃铛来表示对他的赞美。"年轻人虽然觉得这很难以理解，但他还是买走了老板的铃铛。

一周后，年轻人再次向老板取经，因为鹦鹉始终没有说一个字，老板猜测说："是不是它有点寂寞，缺个伴啊。"年轻人无奈地说："我前几天就已经特意买了一只鹦鹉陪它了，它看都不看那只新来的鹦鹉。"老板叹了口气说："这种问题我还是第一次遇到，难道是它的笼子不太合意，它住得厌烦了？"于是，年轻人提着一个新的华丽的鸟笼回到了家。

两天后，年轻人又返回了店里，手里拎着前几天买的笼子，可怜的鹦鹉躺在笼子里，显然已经死了。

"发生了什么事,它还是不肯开口说话?"老板看着死去的鹦鹉惊讶地问道。

"不,死之前它终于开口说话了。"

"它说了句什么话?"

"它说,"年轻人学着鹦鹉的腔调,"喂,难道宠物店不卖鸟食吗?"

"仓廪实而知礼节",某些时候,虽然金钱激励不是最好的激励员工的手段,但是缺失金钱激励的激励便犹如海市蜃楼,不论管理者如何进行感情投资,也不过是"一场投入一场空"。

随着知识型员工逐渐成为企业发展最有价值的资源,企业激励员工的方式也呈百花齐放的状态,诸如成就激励、目标激励、感情投资等——企业寻找着更多更好的激励模式使员工为着企业的愿景而奋斗,激励方式渐渐地从物质领域过渡到精神的范围,但是这并不意味着企业可以取消物质激励,只凭对员工进行精神激励便可以虏获员工的心。

处于创业阶段的企业,由于资金储备有限,常常把缩减工资看做降低成本的有效手段,因此倾向于为员工制定低于行业平均水平的薪酬待遇,常常乐于为员工勾勒一个宏伟的企业愿景,以此鼓励员工忍受一时的捉襟见肘去换取志得意满的未来。可是,经济基础决定上层建筑,收入是员工的生存之本,起着保障和改善员工及其家人生活质量的作用,员工进行社会交际也需要物质作为基础。所以物质激励或许不是最有效的激励员工的手段，但缺少了物质激励，只会大大挫伤员工的工作积极性，使他们的理想成为无本之木、无源之水，最终使员工不愿意全身心投入到工作中去。

管理者关注员工的精神需求，侧重于从感情和心理方面激励员工，固然在某种程度上能增加员工对组织的满意度，但是精神激励常常需要具备一定的前提：其一，是员工对于企业所支付的薪酬有较高的满意度，追求物质的满足已不再是他们最主要的工作目标；其二，员工对于工作成就的追求远胜过对物质的追求，即使对企业的薪酬待遇不甚满意，但他们由于追求高成就所获得的满足感能够补偿薪酬待遇方面的不甚满意。